U0611291

高情商沟通术

99%的说服在你开口前就已完成

〔日〕 桦旦纯 著

张岳 译

团结出版社
UNITY PRESS

图书在版编目（ＣＩＰ）数据

高情商沟通术：99%的说服在你开口前就已完成/（日）桦旦纯 著；张岳 译.--北京：团结出版社，2016.11
ISBN 978-7-5126-4562-2

Ⅰ.①高… Ⅱ.①桦… ②张… Ⅲ.①人际关系—言语交往—通俗读物 Ⅳ.①C912.13-49

中国版本图书馆 CIP 数据核字（2016）第 259698 号

KOWAI GURAI HITO NI YES TO IWASERU SHINRIJUTSU
© 2014 Wataru Kanba
First published in Japan in 2014 by KADOKAWA CORPORATION, Tokyo.
Simplified Chinese Character rights arranged with KADOKAWA CORPORATION
through Beijing GW Culture Communications Co., Ltd.

著作权合同登记号：图字：01-2016-6214

出　版：团结出版社
　　　　（北京市东城区东皇城根南街 84 号 邮编：100006）
电　话：（010）65228880 65244790
网　址：www.tjpress.com
E-mail：65244790@163.com
经　销：全国新华书店
印　刷：北京盛彩捷印刷有限公司

开　本：880×1230 1/32
印　张：8
字　数：100 千字
版　次：2016 年 11 月 第 1 版
印　次：2018 年 5 月 第 2 次印刷

书　号：978-7-5126-4562-2
定　价：32.80 元
（版权所属，盗版必究）

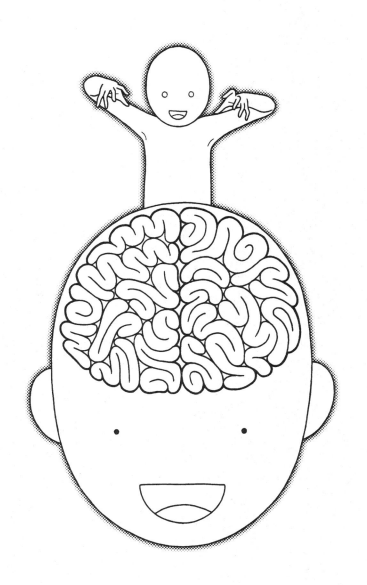

序

　　让上司认可你的企划案，给下属分配工作任务，与客户签订合约……可以说，工作中的绝大部分事情都要靠交涉、说服才能完成。

　　商业自不必说，就连日常的人际关系也会用到交涉与说服。

　　比如，你想向朋友借用他的汽车。借得到，就是交涉成功；反之，则是交涉失败。

　　试想一下，你的朋友为什么不肯把汽车借给你呢？是你的人品问题还是因为朋友小气？这就需要你考虑到各种原因，然后通过你的交涉来推动事情的发展，最后，让朋友很乐意地把车借给你使用。

其实，交涉、说服是跟恋爱很相近的一种思考方式。

初次见面，我们都想通过第一印象引起对方的注意，让其对自己保持关注。如果第一印象获得了对方的好感，那么我们在后期与对方的交往中就会容易得多。可见，说服的关键是要了解对方的心理。也就是说，即使对方对你不上心，你也要懂得如何才能让其改变心意。

如果对方属于"告白的时候，还是直接一些好"的类型，那么你从一开始就不停地用"我喜欢你，我喜欢你"来狂轰滥炸，这样就可能轻而易举地获得对方的青睐。如果对方属于"越追跑得越远"的类型，那么与直截了当的方法相比，迂回曲折的战术就会更有效——通过委婉间接的方式引起对方的注意。

在商业交涉中，也是同样的道理。与对手合作的时候，不仅要掌握交涉的技巧、战术，更要了解其心理。

商业交涉中最重要的是诚信，谎言是行不通的。虽然建立信用是必需的，但也不局限于什么都和盘托出，技巧也是必要的。要想提升业绩，"谎言"也会发挥它的作用。当然，这里所说的"谎言"，并不是假话、欺骗。

一般来讲，初次见面，我们都会通过外表来了解对方的相关情况。所以，第一次见面时，注意自己的发型、服饰、礼仪、态度是绝对不会错的。这样做，是为了更好地展示你自己，并赢得对手的好感与信任。从而，对之后的商务会谈产生积极的影响。

　　再比如，擅长演讲的人，会一边讲话，一边调整声调，甚至还会用手轻轻拍打桌子。原因是，这样做，可以调动会场气氛，燃起听众的情绪。

　　总之，在人际关系、恋爱、商业中，如果不能很好地展示、推销自己，就不容易取得重大的进展。

　　本书关注的是社会心理学在生活中的运用，包含了大量的案例、实验及结果分析。

　　书里讲到的心理学的基础知识，在社会生活的方方面面我们都可以用得到。了解、掌握此类常识，不仅会让你的人际关系更加顺畅，也会提升你自身的修为。

桦旦纯

目录

chapter 1
利用"确定的想法"推销自己

chapter 2
利用"集体意识"寻找盟友

chapter 3
利用"心理错觉"抓住喜好

chapter 4
利用"摇摆意志"增强接受度

chapter 5
利用"心理暗示"给出希望

chapter 6
利用"气氛烘托法"掌控全局

chapter

1

....

利用"确定的想法"
推销自己

让别人为"理所当然"埋单

面临选择的时候，选什么，怎么选？每个人的依据都是不同的。有的人会根据"以往的经验"来选择，有的人会根据"自己的直觉"来选择。甚至，有的人会根据"搜集到的相关资料，得出的客观结论"来进行选择。

假如你要去商场买一套西装，面对以下几种情况，你会怎么选？

A：通过比较衣服的颜色、设计、质地，然后凭自己的感觉进行选择。

B：从固定的设计（品牌）中去挑选。

C：通过店员的推荐去选择。

人作为情感动物，在做出判断、采取行动的时候，都会不自觉地受到潜意识、固有观念、成见等因素的影响。

比如，当问到"乘飞机或汽车哪个更危险"时，回答"飞机"的人会更多。这是因为，一旦发生坠机事故，就会有"几百名死难者"这类新闻报道出来。但是，从实际的事故统计数据来看，乘汽车发生事故的概率要比乘飞机发生事故的概率高很多。

所以，针对上面的问题，我们可以做出如下分析：

选 A 的人：属于"信赖自己感觉型"。这样的人不在乎别人的评价，也不在乎流行与否，只选择自己中意的物品。

选 B 的人：属于"顽固型"。

选 C 的人：属于"大众型"。

但是，当我们面对从未使用过的商品时，我们又会如何选择呢？

　　如果现在有六种差别不大的商品可供你选择，其中有一半是你在电视广告中听说过的。通常情况下，与闻所未闻的商品相比，大部分的人会选择那些"自己听说过的商品"。为什么会这样呢？

　　人类的大脑拥有"将接收到的信息与现有的知识进行调配、整合、强化"的功能，因此，产生了"可以买＝优质商品＝有信用"的"观念"。

　　而电视广告，每天循环往复地播放相同的内容，会让对我们产生强化印象、增强记忆的效果。最后的结果就是，当我们面对从来没有使用过的商品时，就会选择那些"自己听说过的商品"。

　　美国心理学家赛安斯通过实验也证明了"接触次数与好感度"是有关联的。即人在面对外界不断施加的"刺激"时，会有一种对"刺激"本身产生好感的倾向。赛安斯将这种现象称之为"纯粹接触效应"。

　　跟报纸、杂志广告相比，电视广告诉诸"影像（视觉）"与"声音（听觉）"，对人的影响力更强，更容易给受众留下印象。

从小孩到大人，每一个观看广告的人，既享受了愉悦的视听盛宴，也接受了海量的商品宣传信息。当报纸、杂志广告和电视广告同时呈现时，电视广告的"即时性"就会体现出来。

在电视广告中，当红演员、人气体育选手、流行歌手等通常会与最畅销的热门商品一齐出现。这就是商家为了提升商品给受众留下的印象指数，而有意将"好感度与熟悉度"捆绑在一起的典型营销策略。

受众一旦将对名人的好感与某商品结合起来，那么，他对商品的好感度就会自然上升。比如，在化妆品广告中，如果有漂亮女演员出现，受众就会产生"如果使用了这款化妆品，自己就会跟漂亮女演员看起来一样"的感受，从而心甘情愿地为这款化妆品掏腰包。

一流的推销员经常将这个原理用在销售当中。因为一次性谈成的合作很少。所以他们会通过定期拜访、发放宣传彩页与商品目录等多种方式，实施以"多次接触"为前提的营销策略。接触过后，"略胜一筹"的一方拿到签约的可能性会大大增加。

将滞销的商品定期摆放出来"露个脸"，也是很多推销员都在使用的营销策略。"总是看到，偶尔买一次也是可以的……"因为这个原因而购买商品的人大有人在。虽然这种营销策略有些"死缠烂打"的意思，但对顾客而言，这也并不是强买强卖。尽管顾客们只打算买自己相中的物品，但现实中，因为这种策略而埋单的人并不在少数。

"限定性因素"能促进谈判

很多时候，尽管商品堆积如山，可一旦我信听到"限时抢购"的消息，许多人就会产生"如果不早买，就会来不及……"的感觉。这是因为，我们想当然地以为"有限的物品更有价值"。

这种"限定性的效应"在日常生活中也可以被广泛地运用，例如：

一对相恋的人，如果每天都有时间约会，久而久之，彼此就会产生厌倦感，每次的约会也就会成为一种形式。即使偶尔会有一两天不见面，彼此也会有"总会见到"的心理。

相反，如果是一个月才见一次的异地恋情侣，因为不能经常见面，双方会格外珍惜两人在一起度过的时间。每次见面，只有几个小时，如此短暂的见面时光就会显得无比珍贵，让倍感珍惜。也正是因为如此，两个人在一起度过的时光和两个人之间的关系也才会显得更有价值。

在商业中，商家会利用这种心理制造"物以稀为贵"的感觉，通过"随机附赠礼品"等营销手段，达到品种、期限等的"限定性效应"。

流行商品——顾客会因为跟大多数人持有同样的物品而心安。与此相对应，那些具有高远志趣或品味独特的顾客则会因为拥有限量商品而感到喜悦。

所谓高远志趣，也是品牌趣味的一种，是一种引领时代潮流的心理。这种心理主要包括以下因素：

1.独占欲。

2.站在时代的最前端，可以大大满足自己的优越感。

3.购买高价值的商品，是身份的象征，以此赢得别人的关注。

4. 与他人相比，自己才是独一无二的。

5. 被别人高看一眼。

可是，如果自己中意的品牌手袋，很多人都可以买到，那么这种优越感就不会产生，尊贵的感觉也会随之消失。

所以，在品牌方推出的商品中，那些占据流行最前线的商品总是有限的，永远只有少数人才可以买到。因为只有这样，才能体现其稀少、珍贵的特质。

这种通过"限定性效应"，营造商品的稀缺性，提高其价值的做法就是我们经常所说的"无商不奸"。

这样的心理技巧同样适用于商业谈判。

拜访客户之前，如果需要给对方打电话。这时，你会如何与对方敲定时间呢？

请从下面的选项中选出与你的想法最接近的一个。

A：时间嘛，什么时候都可以啊。

B：时间方面，根据您的安排来定就好了。

C：下午三点怎么样呢?

D：想在下午三点拜访您，因为我下午四点的时候要参加一个会议。

如果想让对方从心理上重视，提高此次会谈的价值，增加限定因素会更有效果。

所以，在敲定日程的时候，与"什么时候都可以""根据您的安排来定"这类说法相比，"下午三点拜访您"的说法更能让对方感到时间的紧迫。这样，在会谈的时候，就可以更快地切入主题，而对方也会将注意力集中在谈话的内容上。

假如一时之间无法取得共识的话，可以说"改日告知"。当然也有在忙乱中达成一致的，因为对方会想"总是让你跑来跑去，非常过意不去，而且也很浪费时间"，既然这样，那就同意好了。

"着装整洁"让人增加信任感

在你初次参加的某个活动中，遇到了四个人。在跟你寒暄的过程中，他们的表情、姿势如下。那么，这四个人中，你对谁最有好感呢？

A：低着头，扭扭捏捏的样子。

B：双手插在口袋里，双腿大张着坐在椅子上。

C：微笑着跟你打招呼，脊背挺直地坐着。

D：自来熟地直接称呼你的名字，时不时地拍拍你的肩膀，握握你的手。

第一次约会的时候，我们都会很重视自己的穿着，即使是日常会面，男女双方也不会穿着平时的衣服赴约。原因是大家都想向对方展示自己最好的一面，这是人之常情。

虽然我们都"不想被别人盯着看"，但在第一次见面时，五官之中的视觉所接收的信息还是会高达87%左右，即使开始交谈之后，其所占的比重也在55%左右。

人的服装一旦发生变化，给别人的印象就会立马改变。因为一个人的人格、社会地位等往往会通过发型、服装、仪容仪表等外在因素传递出来。有的人甚至"以貌取人"——经常根据这些因素来判断一个人的品质与才能，以及对别人的态度。

心理学家曾经做过这样一个实验：让志愿者无视红灯，信步穿过人行横道，以此来观察周围人的反应。如果志愿者是身穿套装的白领，那么跟随其后无视红灯穿越人行横道的人就会有很多。与此相对，如果志愿者身穿夹克、牛仔服等便装，那么跟随其后闯红灯的人就会少很多。值得注意的是，试验中的志愿者是同一个人，只是服装不同而已。

当然，"人不可貌相，海水不可斗量"——仅凭外表是不能真正判定一个人的。虽然一开始也许对方并不是自己喜欢的类型，但在交往的过程中，慢慢发现了对方的很多优点——这样的例子也有很多。不过，这种情况只会在长时间的接触中才会发生。很多时候，如果初次见面"感到对方是个不可信的人"，那么我们就不会有继续接触的欲望了。

当然，对于初次见面的人，我们不仅会通过其外表、态度、讲话方式等对其进行评判，也会结合自身的成见、固有观念、经验等因素来进行判断。

为此，在本文一开始提到的A—D的四种表现中，通常会对应以下四种第一印象。

A. 内向，不自信。

B. 傲慢，让人感到不舒服。

C. 很有礼貌。

D. 嬉皮笑脸。

第一印象的持续时间是很长的。而着装规整的人，更容易给人留下做事严谨、值得信赖的印象。这样的人，即使迟到、忘记约会，也会让人心怀善意地给予理解——"他可能是有急事吧。""他只是一时疏忽吧。"

　　相反，如果初次见面时，对方的头发乱蓬蓬，衬衫皱皱巴巴，扣子脱落，就很容易让人感到"这是个懒散的家伙"。在之后的见面中，如果对方一不小心迟到了，或者忘记了约会，自然就会让人发出这样的感叹："他果然是个不靠谱的家伙啊。"

　　此时，人们一直以来所持有的关于"严谨之人""懒散之

人"的观念就会开始自动甄别，在心里将所接触的人对号入座。这些观念深刻地影响着人们的心理。

如上所述，第一次见面的记忆更容易存留的现象，在心理学上被称为"首因效应"。因此，如果最初给人的印象很糟糕，要想在后面挽回，是一件很困难的事。

另外，初次见面的心情不会主导你要穿什么样的服装，相反，穿不一样的服装会带给你不一样的心情。这就是所谓的"着装效应"——这一效应已在商业领域引入。因为一个人不管能力如何，如果连自己的仪表都打理不好的话，是不可能把工作做好的。

"点头示意" 是对别人的认可

很多人因为"不擅长讲话"而烦恼，其实，交流中的关键因素并不是"说"而是"听"——会讲话的人往往都是"听"的高手。作为一名好的听众，他们不只是单纯地"听"，而是会让说话的一方一直保持顺畅的讲话节奏。

那么，我们究竟应该怎么"听"才能让讲话的人一直兴致盎然地讲下去呢？

所有要诀总结起来，就一句话——点头示意，引起滔滔不绝。

曾经有人针对销售员的面试，做过这样的实验：通过面试官做不做"点头"这个动作，来观察参加面试人员的不同反应。

参加面试的有60个人，每个人的面试时间是45分钟——每15分钟为一节，共计3节。第一个15分钟，所有面试者接受的都是常规的面谈。第二个15分钟里，有20位面试者遇到了不停点头示意的面试官。最后一个15分钟回归到常态面试。结果显示：与从始至终接受的都是常规面试的人相比，那些遇到不停点头的面试官的人发言要踊跃得多。

如果听的一方从不点头，那么讲话的一方会因为"对方可能对自己的话不感兴趣""无法传达自己的心意"等原因而深感不安。反之，如果听的人总是点头示意，那么讲话的人会以为"对方对自己的话感兴趣""自己表达得很到位""得到了对方的理解"而心安，从而不停地讲述下去。

跟初次见面的人讲话，无论怎样都会有些不自然。如果你想让对方多说一些，那么你应该怎么做呢？

A：向对方不停地发问。

B：自己抛出话题。

C：激动地挥舞双手。

D：积极地点头示意。

最合适的方法是D。就连参加面试的人，也会因为面试官的点头示意而变得更有表达欲望——说话量明显上升。

方法A，会因为提问的内容而让对方扫兴。因为是初次见面，如果一味地刨根问底，会让人不由自主地提高警惕。方法B，需要遇到一个什么都可以聊的对手。方法C，则是在表达自己的观点时最为有效的方法。

刚开始从事销售工作的推销员，都非常想让客户接受自己的产品，所以会不厌其烦地一次次登门拜访。但是，如果不能赢得客户的关心，依旧是拿不到订单的，每一次冗长的产品介绍只会适得其反。与此相对，不如从客户关心的事情入手，这才是引导消费的王道。

因为，不管是谁，都喜欢那些对自己的话做出迅速反应的人，期待与他们的再次见面。所以在交谈的时候，作为听众的职责之一就是：积极地点头示意，让对方高高兴兴地将话讲下去。

当然，也不是一味地点头就是好的。如果点头的次数过多，就会与"留下恰当印象"的初衷背道而驰。事实表明，在研修会、研讨班上不停点头的人，貌似在认真倾听，但对内容完全不理解的大有人在。

点头示意的时机，在谈话的关键点是最好的。比如，双方四目相接的时候，谈话的停顿处。即使点头的次数少一些，也会传达出你"正在好好听""完全理解"的信息。

反之，讲话的人则会根据对方点头的次数而心生怀疑：他真的听懂了吗？如果对方既不点头，连简短的"是""这样啊"

之类的回应都没有，则表明当前的谈话毫无意思。这时就应该马上转换话题，重新调动讲话者的情绪。

总之，不管怎么说，点头是交谈中必不可少的一环。而善于倾听的人同样也是一个"点头高手"。

"理解"就是真的懂我

你与A、B两人进行了同样内容的交谈。随着谈话的深入，你开始抱怨、发牢骚。此时，如果A、B的反应是不一样的。那么，你会作何感想呢？

与A的对话：

你："昨天我被主管训斥了……"

A："是吗？"

你："虽然错在我，但主管也太严厉了。"

A："理解。被那样数落，换作任何人都是受不了的。"

与 B 的对话：

你："昨天我被主管训斥了……"

B："然后呢？"

你："虽然错在我，但主管也太严厉了。"

B："你总是犯同样的错误，主管不生气才怪呢。"

每个人都想得到别人的认可，并赢得好的口碑——这是"自我认可的需求"。无论点头示意还是四目相接都是倾听者对说话者所说内容的反应，你向对方传达了"讲得好""明白您的意思"这样的信息。如此，说话者所感受到的就是，"他对我的话有继续听下去的兴趣"——正好满足了说话者的"认可需求"。

生活中，你会跟朋友、伙伴倾诉烦恼。

你很想得到他们的认可，但实际情况是，很多时候这个愿望是无法实现的。因为他们不可能完全了解、体会你的处境。所以，很多人认为"嗯，我懂啦"之类的话，只不过是因为对方没有真正理解倾诉者的痛痒，随便说说而已。

但是，倾诉烦恼的人自己心里是明白事情的来龙去脉及解决方法的。虽然方式方法不同，但殊途同归，结局不会有太大的差别。

为此，"错在你！""还在为那件事寝食不安？赶快振作起来！"诸如此类的指责、鼓励一点儿用处也没有。并且会让倾诉的人产生"不想跟这个人交谈"的感觉，以至于此后两人可能再也不会谈论此类问题。

特别是女性倾诉的时候，并不是为了寻求对策，更多的时候她们只是想让别人听到她们的心声。但很多倾听的人会一边听，一边给出此类的建议：

"在这点上，你是不是错了呢？"

"这样的思考方式不是很奇怪吗？"

即使倾听的人说得完全正确，说话的人也不是为了听这些所谓的正确意见。因为她们只是想有人听自己说说，了解自己目前的处境及所受到的煎熬。所以听者要做的只不过是颔首做倾听状，时不时向倾诉的人示意，表示"赞同""理解"，以让其感到安心，从而继续讲下去。

在心理疗法和精神治疗中有一种被称为"感同身受"的方法——治疗师通过倾听客户的牢骚、不满，让客户获得发现问题、解决问题的能力，从而突破自我，实现自我成长。先不论这种方法是否真的有用，最关键的是其从一开始就表现出来的认同、理解才是最重要的。

通过倾诉的方式来化解痛苦、烦恼的方法，在心理学中被称之为"精神发泄"，在心理治疗中通过这种方式，以达到将倾诉者体内的垃圾排出体外，净化身体的作用。

将憋在心里的话一股脑全部说出来之后，倾诉的人就不会再感到郁闷。如果某些人一直郁郁寡欢，那就是他们自己跟自己过不去了——相信经历过这种煎熬的人更能体会。

"感同身受"这种方法无论是对上级还是下属，不管是对男性还是女性都有用。因为"获得认可"是人类的基本情感需求。所以"嗯嗯""是的""理解哦""是这样啊"等表示同感的话语能让对方感到心安，从而赢得对方的信赖。

"我相信你"就是对方信你

期待自己被认可——我们每个人的大多数行动都是在这种动机和诉求的基础上进行的。从另一个角度来理解的话就是：人们总是在寻找能够理解自己、认同自己的伙伴。

尤其是当人们在失落的时候，每个人都希望得到鼓励与劝勉，这时如果遇到理解或者认同自己的伙伴，我们就会对对方心存感激并产生出信赖感。所以，简单的一句"我相信你"往往能引起失意人群强烈的共鸣。

为什么会这样呢？究其原因，是简单的"我相信你"这几个字，包含了人与人之间的思想、行动等方面的交流，心理学上把这种现象称为"互动"，互动又分为"条件式互动"和"无条件式互动"两种。

"你的收入很高，我想与你结婚。"是"条件式互动"。

"虽然你失业了，但可以寻找新的机会，这不是很好吗？""我喜欢你，想跟你结婚。"是"无条件式互动"。

假如你最近身体不是很好，无法集中精力，专心工作。结果，出现了重大失误，被上司斥责。于是你开始怀疑自己，即使是在你最擅长的领域。

此时，当你把事情的前因后果说给同事听，他们给了你不同的反馈，其中哪一位同事的反馈会让你感到欣慰呢？

A：谁都会有这样的时候啦。

B：别放在心上，继续加油，好好做事。

C：要不要去喝一杯，痛快一下？

D：不管别人说什么，我都相信你。

这种时候，什么样的话语最能够给人安慰与疗愈，已经不用多说了吧。

生活中，自我评价很低的人，如容易消沉的人，缺少自信的人等，都会对认可自己的人产生绝对的信赖。

自我评价，是我们通过对自身的客观认识，然后对自己做出的评估和判断。

自我评价有两种。一种是根据自身行为的结果进行评价，如，因为工作业绩的提升而获得自信。另一种则是根据别人的反应来进行自我评价，被别人表扬则自我评价高，被别人贬损则自我评价低，这种评价是建立在与他人进行比较的基础之上的，生活中的绝大部分评价都属于这种类型。

当然，做出自我评价的最终结论的人是"自己"，这与自我肯定、自我尊重等情感因素有着千丝万缕的联系。自我尊重、自我评价都是在幼儿时期就形成的。如果在与母亲、周围大人的关系中能够感受到"自己的存在是必要的、是好的"的人，就会对自己持有认同感。这样的人即使在失落的时候，也不会怀疑自己的存在是否有意义，因为他们了解自己的存在价值。

与此相对的是，幼儿时期很少得到表扬的人，自我认同感就会弱很多，但凡一点小事也会让他们沉沦，这类人很容易自我否定。与此相关联的是他们的自我评价会很低。不安，缺乏自信，感觉低人一等，过分在意别人眼光等敏感的负面情绪都会出现在这种人身上，更有甚者会觉得与社会格格不入。

自我评价低的人，会经常拿自己与周围的人进行比较，结果总是在一次次比较中受伤，从而越来越消沉。这种类型的人，所寻求的不过是别人的温柔与肯定。

"某某是很温柔的呢。"

"那样困难的事情他居然立马就能搞定，真不愧是……"

再或者是：

"虽然某某给大家添了麻烦，但请不要在意，因为他是我们团队不可或缺的一员。"

"没关系呀，我相信你的。"

这样的话语，在缺乏自信的人听来是很受用的。

可见，面对自我评价低的人，你发自内心的一句"我相信你"，会让对方无比地感激你，并对你产生出深深的信赖感。

chapter
2

....

利用"集体意识"
寻找盟友

人都喜欢"一起行动"

通常情况下，我们会根据自己的想法和判断采取行动，不过，并非所有的行动都是在理性判断的基础之上展开的。

回顾一下你人生的重大转折点，如升学、就业、结婚等。你会发现，当初的选择或多或少都受到了别人的劝告、当时的形势等诸多外部因素的影响。

美国社会心理学家阿希为了证明这一现象，专门做了这样一个实验。

实验的主题是视觉测试。被测试者需要从众多长度不一的线条中选出那些长度相同的线条。在这些被测试者中有6名是事先安排好的知情者。在测试中，他们会故意给出错误的选择来迷惑其他人，结果被测试者的错误率高达37%。

　　一眼就能看出结果的简单测试，被测试者却因为受知情者的影响——"如果自己的答案与别人的不同，是不是很奇怪呢"之类的想法——而给出了错误的答案。在这个实验中，当看到知情者的答案而怀疑"自己是不是错了"的人不在少数。

　　这种期待跟别人交朋友，期待与别人采取同样行动的倾向被称为"从众心理"。

　　这个实验虽然是在美国进行的，但在日本也应该有着相同的概率。

　　原因是日本人有着"与个人相比、更重视集体，将自己的意见隐而不发，也要与周围的人保持一致"的强烈倾向。虽然

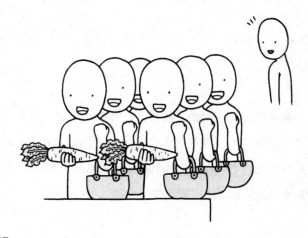

不一定从内心上认同对方的意见，但日本人认为，说一些表面上表示赞同的话，是让彼此都不难堪的有效方法。同时，日本人还会因为担心会被抛弃而与同伴保持同一步调。

生活中，很多人都会购买流行的商品，也是受这种心理的影响。

说到流行，之前的电子竞技游戏，最近的韩国电影、电视剧都是很好的例子。另外，你还会发现，几年前还是年轻人"专属"的手机，随着普及率的提高，从孩子到老人都用上了。现在，不用手机的人已经很少。手机的作用是为人们提供沟通上的便利，让人在任何时间、任何地点都能保持联络。但在日本，很多人几乎用不到手机，但这部分人还是会购买，仅仅只是因为"别人有了，自己也要有"的心理。

可见，哪怕就是购物这种小事，也没有多少人真正完全是仅凭自己一个人的判断而采取行动的。大多数人都会参照别人的说法、做法，决定是否购买某样东西。人是群居的动物，会不经意地观察周围人的行动，并做出与之同步的决定。特别是当面对选择，不能一下子做出抉择的情况时，就更容易受到周围人的意见和行动的影响。

用"从众意识"说服他人

开会表决的时候，你认为对方的意见是错的，可你的上司和同事们都表示赞成。这时，你会怎么做呢？

A：既然大家都赞成，那我还是赞成好了，这样彼此都不尴尬。

B：如果大家都赞成，说不定对方的想法是正确的呢。

C：尽管只有自己持反对意见，但我也要说出来。

D：寻找同样持反对意见的人（看趋势）。

会议中，当主持会议的人说"赞成这项意见的请举手"时，一部分人会举手示意"没有异议"。接下来的情况可能是，剩下的人受到这部分人的影响，也举手表示赞同，于是全票通过。

美国心理学家德·易斯与杰拉德认为，人选择跟别人相同步调的情况应分为两种。

一种是向对方寻求正确答案、正确判断的时候。

在状况不明的情况下，突然遇到毫无经验的事情，而当时的自己根本做不出正确的判断。这时人们就会参考周围人的行动，认为采取相同的做法是安全的。

开会的时候，如果人们对自己的意见没有十足的把握，那么人们就会受到别人的意见的影响：观察周围的情况，采取与大多数人的意见保持一致的态度。

另一种情况则是，为了不让自己孤立，更好地与周围的人和谐相处。

这样做不仅是为了赢得自己所在集体的认可，也是为了赢得对方的友谊。如果对方是比自己更有权威，或是与自己气味相投的人，那么这种倾向就会更加明显。

开会的时候，人们更容易感受到这种"同步的压力"——当大多数人都同意，自己不得不表示赞成的时候，压力就来了。集体中的少数很容易屈服于多数——一种行为，认可的人越多，那么就越会被认为是正确的。人们之所以会认为周围人的判断是正确的，一方面是为了优化自己的正当行动，另一方面则是出于"责任分散的心理"——越多的人采取同样的行动，自己所承担的责任就越少。此种行为在很大程度上是受团体意识的影响，"大树底下好乘凉"说的就是这个意思。

顶级推销员都很擅长运用这种心理。

面对不知如何选择的顾客，他们会一再地强调"众人之选"——"大家都在用这个哦""这是上班族的必备品呢"。顾客一旦意识到"其他人都拥有此种商品"的时候，就会因为担心自己赶不上潮流而埋单。

"某某女演员也在使用。"

"某某（与顾客同一行业的人）也买了。"

当推销员以顾客的偶像为例子进行推销的时候，会让顾客自惭形秽——"周围的人都买了，而自己……"，为了消除这种感觉，顾客也会为此掏腰包。

另外，杂志广告的"人气榜单第一位""市场份额第一"之类的调查报告，电视广告的"我也在用哦""很有效果"等消费者的现身说法，都是为了给顾客传达一种"别人都在用"的印象。

生活中，每个人或多或少都有从众意识。但依赖心理严重的人、好面子的人、被动的人、追赶潮流的人、老好人、很少拒绝别人的人，更容易受到从众意识的影响。

反过来讲，要想得到对方的认可，采取从众心理会更容易一些。安慰失意的人时，如果加上一句"大家都这样认为"就会让对方更加安心。

无论好坏，"从众意识"都可以动摇对方的心思，只要说一句"不只是我一个人，大家都这样认为"就能稳住对方。

通过"3个盟友"打通关系

很多时候，无论是少数服从多数，还是自由发言、各抒己见，面对集体的压力，我们都要确认自己应该采取何种姿态。

尽管自己的意见是少数派，但如果你能做到"别人怎么想都无所谓"的话，你就能自信满满地畅所欲言。相反，即使得到大多数人的支持，但如果不想"被孤立"，你也得注意自己的措辞。

相反，如果你想"无论怎样都要让自己的意见通过"的话，你就要学会运用"集体意识"的心理技巧。

在开会、谈判场合中经常用到的是"打通关系"。

身边有没有支持者，周遭人的反应是不同的。与一个人的力战群雄相比，还是拥有盟友的人更容易得到大家的支持。所以在表决时，应该积极寻找支持自己的盟友。

虽然很多人对"打通关系"这种说法会有不好的印象，但是很多时候我们还是要学会"打通关系"。因为人很容易会在集体意识的左右下，改变自己的想法或者态度。巧妙运用这种心理技巧，是一个得到周围人支持的绝佳方法。

有时候，我们会在还不清楚是何种食品的情况下，就加入长长的等候队列之中。这是为什么呢？

原因是，一看到排队等候的人，我们就会不由自主地想"单从有那么多人排队这点来看，这家店的食物就一定很美味。"与此同时，"如果自己不参加，就会亏大了"的心理也开始发挥作用。这就是运用集体行为吸引顾客的例子。

试想，如果事先有所准备，特意安排"托儿"（也就是盟友）来助阵的话，岂不是更容易？

那么，有多少盟友是最合适的呢？

在阿希的实验中，当知情者由1个人、2个人上升为3个人时，错误率会明显上升，而上升为4个人之后，变化趋于平稳。也就是说，在集体中，至少有3个持同样意见的人才能确保同步者出现的高概率。

"3"这个数字，与"数的正当性"原则有着密切的关联。

比如，职场中，两个人之间的说说笑笑并不会引起周围人的注意，但如果是3个人在一起说说笑笑，周遭的人就会想"他们聊的是不是很有意思的事呢"，还是靠近去听听的好。

　　可见，"3"代表了多数的意思。所以，为了确保你的方案顺利通过，开会之前，你需要至少找到2位支持者才行。在你讲完之后，你的支持者马上做出"同意""好点子"这样的回应。如此，有了连同你在内的3个人的支持，周围人的同步概率就会高出很多。

　　不管是谁发言，只要能收到一边鼓掌，一边喊着"支持""同意"的回应，都会将会场的气氛点燃。在这种情况下，周围的人很容易被带动起来，拍手赞成就会像传染一样响起来。

　　如此，通过强调多数人的一致来调动起大众同步的做法，被称为"领队效应"。"领队"最开始指的是队列前面的军乐车。后来就变成了"为了引领潮流，通过建立关系网，巧妙运用领队效应"的人了。

坐对位置才有主动权

生活中，我们经常需要一起围坐在桌子旁交谈。

参加会议、招待客户、宴请朋友、讨论方案、跟喜欢的人告白等，太多的事情需要坐下来进行交流。可是如何才能更好地实现交流的目的呢？

我们知道，上席即上座，末席即末座——人所坐的位置与其地位有着密切的关系。但是，很少有人知道：座次的不同会影响在座人之间的关系。也就是说，众人围坐在桌旁，七嘴八舌地交谈时，会因为自己位置的不同，给别人带来不同的心理感受。

如下图所示：

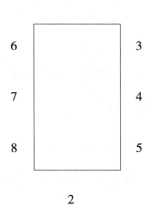

开会或者是谈判的场合，你经常坐在哪个位置上呢？

A：1

B：2

C：3或6

D：4或7

E：5或8

为了让交谈顺利进行，不同的场合，应该选择那个座位好呢？

如图所示的座次，如果是开会、研讨等场合，那么1、2、4、7就是指挥者应该坐的位子。

坐在1、2位置的指挥者多是可以主持会议的领导型人物，选择4、7位置的则是坚持以和为贵、重视人际关系的民主人士。

所以，如果你想主导此次会议的话，就要确保占有1、2、4、7中的某一个席位。如果想增强发言的号召力，将别人引入自己的队伍中，那么就要选1或2的位置；如果想在听取众人意见的基础上做出决断，那么就坐在4或7的位置。

另外，人们对于坐在自己对面或旁边的人的心理感受也是不同的。

如果是正对面，则很容易给人一种压迫感，营造出一种对立的气氛。当视线碰到一起的时候，彼此就会像电磁的同极相斥那样产生反感的心理，不由自主地会反对对方的意见。

因此，在首脑会谈之类的两人谈判中，彼此都不会面对面地落座，而是坐在同一侧或者是稍稍错开斜对着来坐。如此，就可以避免对立的气氛，进行友好的交谈。

以上虽然分析了与会人员的行动类型，但还需要注意"斯汀德现象"。

这种现象是美国心理学家斯汀德在研究"小集团内部生态"时所发现的，是一个关于参会、谈判人员习性的现象。如果仔细观察会议现场，就会发现一些有趣的现象，即所谓的"斯汀

德三原则"。

1.如果有过争吵的人同时参加会议，那么彼此更倾向于坐在正对着的位子上。

2.当一种意见陈述完毕，接下来的发言更多的是对这种意见的否定。

3.主持会议的领导，如果过于软弱，那么面对面就座的人会开始私聊；如果其很强势，那么相邻的人会开始"咬耳朵"。

假想一下，如果上述情况发生在自己身上，是不是会有很多有趣的发现呢？

根据位置，采取策略

让我们更深入地思考一下关于前文提到的"斯汀德三原则"。为什么会出现这些现象呢？其内在的心理动机又是什么呢？以及面对这三大原则，我们需要采取什么样的对策及方法呢？

原则1

开会的时候，需要注意坐在自己正对面的人。因为无论是讨论还是争辩，都更容易发生在两个面对面坐着的人之间。

尽管别的位子都空着，但他还是选择坐在自己的正对面。这时，你就要想一下"他是不是会反对自己说的话"？因为持反对意见的人更喜欢坐在你的对面。并且，很可能在你刚讲完话的同时，就会收到来自对方的反对之声。

所以要尽可能地避免这几类人坐在自己的对面：拥有绝对权威的领导，难缠的对手，意见不合的人，想跟自己结为盟友的人。

原则 2

"如果不反对，决议就会被通过"——持反对意见的人正是出于这样的担心，才会抓紧时间将反对意见讲出来。因此，在反对的声音发出之前，尽可能多地让赞同的人说话以打通关系，这样，自己的意见才能更容易通过。

同时，要让支持自己的盟友坐在自己对面的位子上。这样就可以避免与反对的人正面交锋。

反对的人坐的位子距离你越远，越不会形成激烈的争论。即使这些人坐在你身边的位子上，也可以收到同样的效果。

只要是避开正面冲突，反对你的人坐在你自己的同侧或是桌子的角边都可以。

但是，如果反对的人有些多，该如何做才能让自己的意见通过呢？

这就需要你事先针对与会者的意见、论据、结论等进行调查研究。了解对于自己的意见，什么人会赞同，什么人会反对，争论的焦点会在哪里，决策层的侧重方向会是什么，等等。提前搜集信息，可以让你在正式会议中有的放矢地进行辩驳。

原则3

如果发现有人交头接耳，就需要根据领导影响力的强弱，进行适当地干涉。

"斯汀德效应"是预测人们言论、行动的小技巧。如果能提前读懂别人的心理，在开会的时候，就可以更好地掌握动向，那么自己的方案不被通过的情况就会变得很少。

为什么坐在同一侧的人不如那些坐在对面的人更容易产生对立情绪呢？因为肩并肩地坐着，视线碰不到，彼此之间不会产生不安、紧张的心情。并且，面向同一个方向，看见相同的事物，会产生共同体的感觉。

　　同样，刚开始交往的男女，如果亲近地并肩坐在长椅上，就会产生亲密感。商务方面，如果要跟对方谈论棘手的事情，并肩而坐就会显得融洽一些。

　　如上所述，由于所坐位置的不同，话题、彼此的印象也会不同。所以你需要根据自己的目的、实际情况选择位置，只有这样才能让你的意见顺利通过。

巧妙应对优柔寡断的上司

在这里，我想先与大家分享一个我的故事。

有一次，开会的时候，上司说"大家要多想一些策划案"，于是我想了不同的方案提交上去。上司说"稍后我会看一下"。可一连几天，一点儿消息都没有。我等不下去了，就跑去问上司，结果他只是含糊地说："啊，提案的事啊，还有一些不足。"按照上司的要求，我开动脑筋修改方案并重新提交。"现在有些忙，过会儿再看。"上司只此一句就把我给打发了。

如此一来，让我有了"跟着这样的上司，认真考虑企划、提案，纯粹是浪费时间"的念头，最后就会偃旗息鼓，失去干劲。

其实，无论是谁都会认为自己很重要。特别是这种尸位素餐的上司，他的自我保护欲很强，从一开始就会规避风险。对他而言，转嫁责任是家常便饭，脚底抹油、溜之大吉更是技艺圆熟。这种类型的领导，喜欢擅长处理人际关系的下属，而不是踏实做事的下属。哪怕只有一位部下能力突出，也会招来忌妒、排挤，甚至会遭受莫名其妙的打压。可以断言，如果与这样的领导共事，那么升迁、出人头地是不可能的，只能是处于危险的境地。

假如你的上司是这样的人，你应该怎样做呢？

首先，让我们了解尸位素餐人的三大特征。

1. 缺乏决断力、执行力。

2. 如果不是全员通过，就不会采取行动。

3. 与做事的效率相比，更在意人际关系的处理。

这样的上司，最大的特征是刻意强调"大家的意见"。

在策划、提案的时候，他会充分听取周围人的意见。正如他所说的那样"要征得大家的同意""大家都同意才行"，他会一再强调"全体意见一致"。如果需要跟高层领导汇报，那么他还会加上一句"这是我和属下们一起讨论的结果"，以此来推脱自己可能负的责任。

听到这样的话，面对代表众人的他，高层领导是很难说"不"的。

因为既然是全员一致通过，那么高层就不会有反对的理由。

在公司上班，只要稍稍调整工作方法提高效率的事情就会时有发生。而尸位素餐的领导则非常善于利用作报告的形式来凸显自己的勤奋敬业。

另外，这种类型的人因为害怕失败，所以他们往往比常人更敏感——"不想被别人耻笑""讨厌被别人当作傻瓜"。所以，他们更在意自己的体面，更在意周围人对自己的评价。他们很反感听到部下的反对之声，比如，"真是不可理喻的上司""这样的上司简直让人无法忍受"等，如果听到这样的言论，他必然会想"既然大家这样认为……我为什么要支持他们的提案"。有类似领导的企业中，这样的事情会经常发生。

一旦遇上麻烦，尸位素餐的领导虽然知道自己才是责任人，但他会想办法将责任转嫁到毫不知情的下属身上。

"主管什么也没有说，所以责任在你吧。"

"那是主管的责任！"

如此尖锐直接的指责，正是他试图逃避责任，让人憎恶的卑鄙手法。

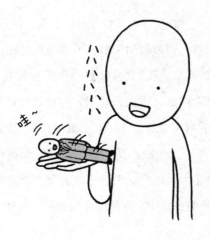

如果责任是别人的，他更是一点儿余地也不会留。

"到目前为止，只有总经理知道。但被外界知道了，真是很头疼啊。"

"某某部门也有过类似的事情，如果被高层知晓，肯定会引起轩然大波的。一想到这里，我就很不安啊。"虽然是不安的口吻，但蕴含着夹枪带棒的威胁之意，将责任的关键之处轻描淡写地一笔带过。

遇到这样的领导，要想实现自己的目的，最好的方法就是做一个"听话"的下属，然后利用他的缺点实现自己的目标。

别让"集体谣言"伤到你

在大公司做事的 A 君，虽然是跳槽过来的，但因为有丰富的从业经历，再加上超强的工作能力，得到了上司的赏识。

A 君已经结婚，在与女同事的相处中十分自然、随和。只是，面对 A 君的种种作为，很多男同事并不欣赏。特别是一位处处与 A 君作比较的 B 君，更是对 A 君持敌对的态度。从自己的薪资待遇到自己抱有好感的女同事，B 君都认为 A 君比自己更受到优待。

渐渐地，在喜欢八卦的女性同事中，开始流传关于 A 君的谣言。其中不乏诸如"据说，A 君之所以从之前的公司辞职，是因为将公司的创意卖给对手公司，最后被举报了"的恶性攻击。

无风不起浪。经过添油加醋的同事口口相传，关于 A 君的谣言愈演愈烈，就连上司也有所耳闻。虽然都是无稽之谈，但A君的口碑一落千丈。于是，在公司举步维艰的A君，开始考虑换工作。

这种事情并不少见，比如为了给没有人气的艺人制造话题而炒作的事件。"某某夫妻，已经分手""某某与大牌制作人深夜密会热聊"等绯闻。其实，这些成为大众茶余饭后的谈资，只不过是娱乐记者散播的谣言，制造的噱头罢了。

再比如说，商务人士C君，虽然有工作能力，但时不时会因资金周转而需要借贷。看C君不顺眼的同事D君就可能会散布这样的流言："E将钱全都借给了C，现在要不回来，陷入了困境。"随着流言的口口相传，最终会完全变了样子。

"C之所以还不上，是因为他根本就没有钱。"

"C正到处借钱呢，拆东墙补西墙。"

"C被高利贷的人追债，好惨。"

到最后甚至会变成"C借钱的原因，好像是因为家庭方面出现了问题。"

虽然"口说无凭"，但散布流言的人根本不管这些，也不会为此负责。最终，被流言中伤的人会失去社会信用，夫妻关系会出现裂痕，甚至有的人会被逼到自杀的境地。这样的例子还有很多。

为了扳倒竞争对手，商界中的竞争双方也经常会恶意爆出对方的各种丑闻。同样地，公司内部，这样人为的流言也不在少数。

比如，主管跟同一组的女性职员在咖啡店偶遇，打了个招呼。结果被其他组的同事看见了，其他组的同事会跟另外的同事说："今天，我看见某某主管跟F小姐一起在咖啡店呢。"

听到的同事又会继续讲给其他的同事，其他的同事会再传给其他的同事……一传十，十传百，流言满天飞。

在传播的过程中，话越说越不对了。"主管跟F小姐在咖啡馆讲话，很亲密的样子呢"——夸大的说辞被同事听到，然后变成"主管跟F小姐在咖啡馆偷偷见面"，接下去就会变成"看上去像是在约会"——至此，全变味了。

到这个时候，听到流言的 F 小姐的朋友即使想为其辩护，也要先问上一句"你真的是在跟主管约会吗？"

如此，利用小的流言，制造大的话题，是很容易的事情。最先传播流言的往往都是第三方，但到最后才知情、才知道"不过是绯闻，不用理会"的却是当事人。

容易落人话柄、成为流言受害者的多是容易让人反感、遭人嫉恨的人。流言之所以会变味，跟流言传播者的个人情感、先入为主的成见等有很大的关系。

所以，为了避免不让自己成为流言的攻击对象，就要做到：不引起周围人的反感；日常生活中，要注意自己的言行，不要惹人嫉恨。

看清集体谣言，才能破除

人们为什么喜欢散布流言呢？

美国心理学家罗斯特尔与富林给出了如下观点：

原因之一，通过散播虚假的信息，说的人和听的人都能得到报酬。

听的一方得到的报酬是对金钱、评判、信息提供等强有力的掌控感，说的一方则通过信息流通获得优越感。"实际上，这是只有知情者才知道的事……"说的一方一旦这样开头，即使是不重要的事情也会变得重要起来，而自己也会被认为是重要的人。这是说的一方的特有心理。

原因之二，消除压力与不安。

就算是不喜欢八卦的人，多少也会有探知他人秘密的好奇心。这是人们与生俱来的本能。而能满足人们这种好奇心的当然要数那些足够猎奇的绯闻了。

另外，这样做，可以间接攻击自己看不惯的对手，让自己心情大好。就像了解成功人士的缺点、不幸，可以让人获得快感一样。而恶意的流言、诋毁可以对抱有敌意的人进行有效攻击。

原因之三，通过谣言，可以与集体内部的小团体站在一起。

"哎，是这样吗？"

"好像是呢，总觉得……果然如此……"

这样的对话，是确保意见一致的重要手段。

因为有共同的话题，所以彼此间的交流非常顺畅。

最开始散播谣言的时候，多数人会以"只在这里说……"开始。道听途说的话，不管是否百分之百的真实，很多人都会采取宁可信其有的态度。但是，如果后来事情被当事人知道，你不想被认为自己是喜欢传闲话的人，不想被当事人斥责、憎恶，还是从最开始就认真思考一下谣言的可信度为好。

另外，"只在这里说……"这句话，含有"只告诉你，是因为相信你""如果这些话流传出去，责任在你而不在我"的责任转嫁式的威胁意味。

反过来讲，"只在这里说……"是在为了得到对方的赞赏，赢得对方信赖的时候使用的话语。被告知的一方也会极力表明"自己的嘴很严实，尽可放心地说就好"。

有的人会以"只对你讲"开始传播谣言。他们跟听的一方达成共有秘密的意识，向彼此展示自己值得信赖。这样的人非常渴望得到别人的信赖。因为无凭无据、满含敌意的谣言，要想传播起来，也需要恰当的诚意。

值得注意的是，有人会把恶意的谣言告诉当事人。

"某某对你的事情是这样说的呢。"

"某某人正在传你的闲话，你要留意一下才好。"

以忠告姿态出现的人，会将谣言原原本本地说给当事人听。

如果当事人跟传闲话的人交心的话，那么听到这样的忠告，自然是感激不尽，跟忠告的人亲近起来。但是，如果忠告之人是故意为之的呢？在当事人没有警醒的话，就很容易陷入忠告之人的圈套。

所以，当有人跟你讲关于你的闲话的时候，不要全部相信，有所鉴别才是明智之举。千万不要立刻反击，因为如果你马上激动地反应"那个家伙居然做这样的事情"，那么你很可能落入别人的陷阱。这样的话，你就太傻了。

"集体决议" 往往风险更高

朋友邀请你开展一项新的事业，成功的概率是50%——有挑战，就有风险。

你会如何选择呢？

A：现在不做更待何时呢？你认为，应该挑战。

B：虽然想挑战，但一想到风险，还是决定算了。

C：帮朋友介绍别的合伙人，自己持观望的态度。

"想法很好啊，可要实行起来就很难啦。"个人的这种想法，如果换作是集体想法，那么就会变成"放手一搏，还是能做到的"。

几十年前，很多组织机构在做决定的时候，与危险、过激的选择相比，更倾向于安全与稳定的选择。经过讨论得出的决议，尽可能地规避风险，与个人意见相比，毫无创新。

与此种现象正相反的是，美国社会心理学家斯托纳认为：与个人选择相比，集体决定更倾向于极端的方向。

挑战风险的现象在心理学上被称为"威拉酷型"，从名字上就可看出其决定的特征。

美国心理学者威拉，以斯托纳的理论为基础，开展了一项课题研究——需要做出充满风险的决定时，应该如何抉择？

他们将个人的选择跟集体讨论后作出的选择进行了比较。课题的其中一部分问题如下：

1.现在的工作可以拿到稳定的薪水，但毫无满足感和成就感。另一份工作更充实、更有成就感、收入更高，但是不稳定。那么你会选择辞去现有的工作接受新的挑战吗？

2.一个人患有严重的心脏病，如果接受手术，身体会好起来。但是，手术困难重重，一旦失败则性命不保。那么，要不要接受手术治疗呢？

3.打游戏的时候，你略逊一筹。突然，你发现了对方的漏洞，如果你选择攻击对方的漏洞就一定会转败为胜吗？

4.现在的你就读于医学院。如果遇到可以发展自己喜爱的音乐的机会，你会退学吗？

上面的每个问题，不管如何选择，也不管成功的几率有多

少，都是伴有风险的。在个人单独做出选择之后，心理学家们将参加实验的六个人集合到一起，让他们讨论后给出答案。他们发现，与个人选择相比，集体讨论后的选择要更大胆一些。

集体讨论后的决议，跟个人选择相比，更倾向于收益大、风险高的决定。也就是说，商谈之后，集体的选择更具有风险性。

几周之后，他们又让这六个人重新做出选择，结果依旧跟集体的选择是一样的。

也就是说，与个人的单独考虑相比，在与集体讨论之后，选择会更倾向于挑战风险。

与一个人的思考相比，众人商谈后的选择更带有大胆、冒险的意思。这种倾向，如果放在集体身上，就是"挑战风险"。

对此，在其后的研究中，心理学者们做出了如下报告：集体讨论的决定，与其说是"更加危险"，不如说是"更加安全"。

这个问题，下一节中会继续探讨。

责任越分散，个人越胆大

集体讨论的决议，与个人选择相比，更倾向于风险与魅力并存的决定。那么，为什么会有这样的倾向呢？

以下的几个理由值得我们思考。

一旦变成集体讨论，那么责任的划分就模糊起来。因为谁也不必为集体的决议承担个人责任（责任扩散了）。

集体的人数越多，责任越分散。即使自己给出了错误的建议，但真正追究起来，责任的界限也是不清晰的。所以，危险的选择更容易被采纳。

每个人都会有战胜别人的想法，因此开会讨论的时候，就容易发表强势的言论。

为了坚持自己的主张，发表极端的意见也很常见。

如果掌握决策权的领导人参加会议，就更容易做出大胆的结论。之所以会这样，是因为成为领导的必备素质之一就是勇于挑战。

人们都认为自己的意见是正确的，所以在听取别人建议的时候，都偏向于倾听那些支持自己的声音。对于反对的声音，则自动屏蔽。因此，我们只会听到自己想听到的。

曾经在美国发生过这样一件事：一天深夜，归家途中的某女士在公寓的角落遭到陌生男子的袭击。附近住户中的38人听到了该女士的三次求救，却都置若罔闻，没有一个人伸出援手，也没有报警。

为什么会发生这样的事情呢？

只要不是自己一个人的问题，还是不要多管闲事的好。这种心理谁都会有，这起事件正是这种心理导致的恶果之一。1964年，该事件一经曝光，立刻引了轩然大波。当时的新闻评论认为是城市居民道德败坏、冷漠自私。心理学家拉特尔与塔里在认真思考之后，将此种现象命名为"旁观者效应"。

住户们之所以会在听到求救声之后都不施以援手，是出于"自己不参与，就不用承担责任，并且侥幸地认为别人会站出来"的考虑。事后，即使被问责，也不是只有自己一个人不管不问。

可见，在集体中，个人承担责任的意识在降低。随着责任意识的降低，个人的付出感也会下降。

在危机管理方面，这种"责任分散"心理也是存在很大问题的。因为大家会认为"集体的事，谁也不愿意做""什么也不做的人又不是自己一个"，如此一来，所谓的负罪感、不安都会自动减半。

另一方面，当人们需要做出重大抉择的时候，就会向他人寻求建议。

"独立开展一个新项目，检验自己的能力！"这样的想法会一次又一次地出现在商业人士的脑海中，但这并不能成为新项目成功的保证。如果辞掉现在的工作，收入就没了保证。可是，又不能彻底抛弃梦想。最好是既能拿到丰厚的薪水，又能获得满满的成就感。

面对这样进退两难的选择，你会怎么做呢？

这时，如果听到"还是去做吧""独自挑战的话，当然是趁年轻的时候""不管怎样，一定要做"之类的建议，你基本会认为"是的呢，现在正是好时机"。有一种不管后果如何，先做了再说的冲动。

但是，这只是面对别人的事情我们才会给出的大胆建议。如果是自己面临的重大选择，大多数人还是会选择规避风险、相对安全的那条路。

chapter
3

·················

利用"心理错觉"
抓住喜好

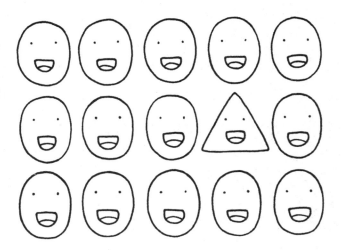

人们经常通过"喜好"来判断事物

请看下图。

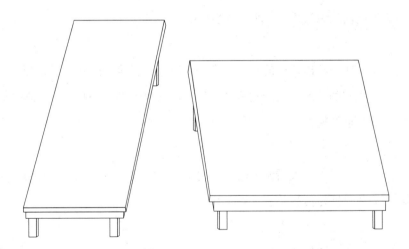

图中两张桌子的形状、大小有什么区别吗？

另外，它们的形状相同吗？

这幅图是美国认知心理学家修帕特提出的"平行四边形错觉"的实验道具。

"两张桌子的桌面形状，看起来不一样"很多人会这样认为。实际上，两张桌子的桌面是完全相同的。

看起来，左侧的桌子比右侧的细长一些。这是绘制方法造成的视觉偏差：为了突出左侧桌子的桌腿，将其纵向摆放，给人向内纵深的感觉，所以看起来细长一些。

即使给出这样的解释，还是无法让人相信这两张桌子是完全相同的。因为人们越看越觉得左侧的桌子细长一些，横过来看，也是这种感觉。

像这样给人错误视觉印象的图片有很多。由此可知，所谓的"眼见为实"并不完全可靠。

通过调节远近距离，可以让不同长度的物体看起来一样长，可以让同样大小的物品呈现出尺寸的差异。就连形状、颜色等，也可以通过背景、描绘手法让人产生错觉。

虽然人类通过眼、耳等器官获取外界信息，但不能确保这些信息一定会被"正确"记忆。因为信息在传输至大脑的过程中，会受到各种各样的因素及过往经验的影响，从而被修正。正因如此，平面的图画才会在脑海中以立体的影像呈现出来。这就是所谓的"恰当的知觉"。错觉正是这种修正被歪曲后错误感知的事物。

错觉并不仅限于眼睛看到的事物，它更是一种记忆信息、获取信息的方式。

例如，人们会更加关注自己喜欢的信息，而将那些自己不喜欢的信息直接过滤掉。

看到魅力女性冲自己展现社交式的笑容时，有些男子会产生"对方很中意自己"的错觉。男子一旦这样理解，就会将该女性的种种行为与这种错觉联系起来。

如果认定对方对自己抱有好感，即使对方很讨厌自己，也会产生"这是对方为了吸引自己而采取的欲擒故纵之术"的错觉。

如上所述，人们会根据自己的喜好来解释遇到的一切。这正是所谓的"自我满足心理"。

先批评后鼓励效果更佳

称赞对方的话，不仅会让听的人高兴，而且对自己也是有利的。如：对男性听众讲"真体贴""有领导力"，对女性听众说"漂亮""很性感"，都会让人开心不已。

前面我们说过，任何人，不论是谁，都会有想获得别人认可的心理诉求。赞美之言正好满足了人们的这种诉求，从而提高其自信心。并且，被赞美的人都会无条件地接纳赞美自己的人。

需要注意的是，称赞的话并不是社交场合的口头应酬，溜须拍马之类的左右逢源、投机取巧，而是真正想通过自己的鼓励让对方振作、坚持、做下去才会使用的语言。

也就是说，并不是"为了让对方高兴，一直都讲好听的话"。

听到一些关于自己的评价，对于如下的这些说辞，你有何感想呢？其中，你最喜欢、最讨厌的又分别是哪个呢？

A：某君啊，既温柔又大度，是个很有风度的人。

B：某君啊，优柔寡断，过分在意细枝末节。但不管怎么说，就总体而言，还是有分寸的。

C：某君啊，虽然性格有些怪异，但为人豪爽，跟他在一起很放松。

D：某君啊，虽然大气，但不值得信赖。

美国心理学家阿隆斯与琳达为了研究"人在偶然听到关于自己的评价时，会产生怎样的心态"进行了如下实验。按照评价方式的不同，他们将实验者分为四组。

1.全是称赞的小组。

2.全是批评的小组。

3.批评之后再称赞的小组。

4.称赞之后再批评的小组。

实验结果显示：与全是称赞的小组1相比，批评之后再称赞的小组3的成员更感到舒服。与全是批评的小组2相比，称赞之后再批评的小组4的成员更不好受。

虽然人们会习惯性地认为自始至终的赞美会让人愉快，但如果真的从头至尾全是溢美之词，就会让人产生溜须拍马的感觉，从而不会有太好的印象。

同样的道理，先批评后称赞的做法，会让人因为体会到评价的客观性而感到真实。既看到缺点，也看到优点的评价，总是令人心悦诚服的。

另外，虽然很多人会认为全是批评会让人难以接受，但先称赞再批评的做法却会让人从最高点跌至最低点，有强烈的落差感，当然更加让人难以接受。这也与最后听到的信息更容易残留在记忆中有关。

所以说，刚开始不讲太多好话，而是徐徐称赞的做法要比一开始就称赞的做法更容易让人产生好感。

称赞自己心仪之人的时候，与其天花乱坠地夸赞一通，不如只在谈话的最后以赞美之言来个画龙点睛。因为最后的话更容易留在记忆中，这样做，更容易在对方的心中种下"喜欢"的种子。

这种方法也适用于称赞上司。因为越是专注于做事的人，越是能一眼看穿那些溜须拍马的场面话。如果上司是个洞察世

事的人，那么还是诸如"某某主管，有些点子并不好，但执行力很强，非常让人尊重""某某主管，虽然看起来严厉，但实际上非常善良，非常体贴"之类的直言不讳的话更合适。

并且要尽可能地举一些具体的例子，因为从日常小事中发现的细节，更能拉近自己与对方之间的距离。

让别人间接听到你对他的赞美

以下已婚男性中，哪一位会获得女性的青睐呢？为什么会这样，请思考原因。

A：称赞妻子"是个好女人""非常能干的老婆"。

B：贬损妻子"家务马马虎虎还说得过去""太冷淡了"。

C：对妻子的事情只字不提。

很显然，答案是 A。轻浮、浪荡的男性，大都会像 B 一样，对自己的妻子恶语相向。他们希望以此安抚女性，赢得女性的同情。他们想表达"自己跟妻子相处不来"的意思，却不知反而会适得其反——越是讲妻子的坏话，自身的价值就越低。

像 A 一样称赞妻子的男性，可能会担心"对方也是女性，会不会感到无趣？"其实不然，因为对方会这样想："既然他的妻子是个好女人，很能干，那么可以赢得这样女人芳心的男人一定是有魅力的、是值得交往的。"

就像电影《美女与野兽》那样，现实中"那样的美人怎么能嫁给那样的糙汉呢"之类的逆反组合并不少见。因为外人会有"人不可貌相，男方有财力、性格好，肯定有过人之处，所以美女才会跟他在一起""肯定有可取之处啦"之类的理解，这就是所谓的"匹配原理"。

另外，称赞妻子的男性会让女性产生其在家对妻子也很温柔的印象。

女性会认为：在家里对妻子体贴的男性，对别的女性也会温和有礼。

与之相比，像 B 一样在背后贬损妻子、讲妻子坏话的男性，会让人觉得不值得交往。因为他们给人的感觉是：即使面对自己的妻子，也不会讲好听的话，对自己的妻子都这样，那么对别的女性也好不到哪里去。

像C这样的男性，对于妻子、家庭一言不发，虽然可能会因为神秘而引起女性的兴趣，但是会给人"对内、对外两副面孔"的强烈对比之感。如此，女性就很难感到温暖与安心。

但是，在称赞人这件事上，最高级的做法还是"间接称赞"。

"某君称赞你了呢。"

"对于你的主动帮忙，主管很欣赏呢。"

尝试从第三者的立场角度对别人进行称赞，会怎么样呢？

与自己直接称赞对方相比，从第三方的角度传递的称赞效果会更好。这是因为通过第三方之口，可以大大增加称赞的可信度。

这种间接传达称赞的做法在心理学中被称为"温莎效应"。这种做法，不仅是称赞之人，就连传递称赞的人，都会得到被称赞之人的喜欢。但与此相对，传递贬损之言的人，会比讲贬损之言的人更容易失去被贬损之人的信任。同样是简单的传递，好话跟恶语效果之异，犹如云泥之别。可见，如果你想称赞别人，表达自己的心思，那么一定要利用"温莎效应"，通过第三方来传递。

用"你是唯一"来说服别人

聊天、谈心的时候，经常会听到这样的话语——"我只相信你""我只告诉你"……之所以加上"只对你讲"的前提，是为了凸显"你的特别"。听到这种话的人，会因为自己被特别对待而高兴，也会对信任自己的对方充满好感与信赖。

奥地利精神分析学家、精神科医生弗洛伊德曾说："人，无论是谁，都认为自己是最重要的。"

即使总是说"讨厌自己"的人，依旧会认为自己是"重要的存在"。口中谦逊地认为"自己只是一个平凡的人"，其内心也会认为自己"跟别人不一样""是特别的人"。

例如，在自己经常光顾的饭馆里，相比像新客人那样被称为"客官"，不如自己的名字被店家记住更让人开心。"某某君是特别的客人，所以这盘菜是赠送的"——听到这样的话，会认为只有自己被优待而感到高兴。

类似这样的对话，不管对方是谁，只要自己被认可就会高兴，并且也会对那些对自己抱有好感的人回馈以好感。因为人都不会讨厌对自己表达善意的人，就算达不到喜爱的程度，至少也会对对方表示关心，会多一些交谈，会时不时地提供一些帮助。

与此相反，人们都不喜欢被否认，被贬损。

"因为是你，我才讲的""你值得信赖"之类的话，会在讲正式内容之前，将对方的心抓住。

这种"你是唯一的特殊效应"，在邀约心仪之人的时候会发挥巨大的威力。

"这是一场盛大的音乐会，想跟某某（对方的名字）一起去。"

"这场电影，想跟某某（对方的名字）一起去看。"

　　从众多的女性中选择了自己，任何女士都会高兴吧。接受邀约的女士在回复的时候，与简单的"OK"相比，如果说"一般情况下我是不会轻易答应的，但因为是你，所以就OK啦"会让男士更加高兴，并对女士的好感更深一层。

　　商谈的时候也是这样，"大家都这样认为，你呢？"与此相比，还是"实际上，我只想跟你商量""想跟你说说心里话"之类的说辞更能照顾到对方的自尊心，满足其被认可的心理诉求。

　　谈话中，只要掌握"你是唯一"的关键词，就能打动对方。另眼相看（特别对待）总会让对方感到高兴，赢得对方的好感。任何人，对"你是唯一的，你最特别"都没有抵抗力，很容易就会被感染。

　　"你是唯一"可以说是最有力量的说服语了。想赢得对方的青睐，这句话就不得不用。

纠正上司缺点的正确方法

在商社工作的K小姐遇到了这样的事情。

她的上司对领导的命令唯命是从，对下属的意见却充耳不闻。

有一次，商社的女同事就"是否废止由女同事轮值的日课制度"召开了集体会议。一方面由于人手不足，另一方面会降低工作效率，所以她们一致同意废止日课制度。

她们第一时间跟上司汇报大家的意见，得到的却是一句"没有废止的必要吧"。

不仅如此，就连改进流程的报告都被上司驳回了。

真是不知变通、封建保守、冥顽不化的顽固派。

按照上司的做法，只会让效率越来越低。

那么，应该怎样做才能敲开上司的榆木脑壳呢？

每个人的心中都有一副自我画像（自我评价）。

自我画像分现实、理想、潜意识等类型，每个人都会下意识地查看自我画像是否达到理想型。

但是，每个人就算心中明白自己的短处、缺点，口头上也不会承认。尽管自己心知肚明，但一旦遭到别人的指责，还是会不高兴。自尊心越强的人，对别人批评的反应就会越激烈。

想痛快直言的话很多，但根据一般的表达方式，可能会得到对方反感、厌恶的反应：

"不想听你说。"

"你究竟想干什么？"

这种时候，说些"别人的闲话"就会管用得多。

想让上司改掉急躁、易怒的脾气，如果直接这样讲：

"请不要过分关注那些细枝末节。"

肯定会惹恼他的。

所以，要说些别的领导的事情。

"总务部的某某主管虽然人很爽快，但是个急脾气，暴躁得很，他周围的人都有些受不了呢。就连一下子找不到文件，他也会大发雷霆，搞得他周围的人总是胆战心惊。就这一点而言，还是温和的主管更受欢迎一些。"

为了不让言辞过激而引起对方的不快，适当的场面话还是很重要的。

身为领导，对于同样是管理层的人都会有竞争意识。下属讲其他部门领导的坏话，在他们听来，就不仅仅是"流言"。同样地，如果下属称赞其他领导，他们也不会感兴趣。

因为讲的是别人的问题，所以不会伤到上司的自尊。相反，上司还会这么想："这样啊，说不定自己也会有同样的问题，那可要注意了。"

任何人都不会伤害自己。越是在意自己形象的人，越会将这些闲话记在心里。因为他们认为，破坏自己的形象就是对自己的伤害。

同意别人的话可以赢得"好感"

同一时间入职的同事，要么是竞争对手，要么会成为知心朋友。

之所以会这样，是因为大家同在一个屋檐下。

A："工作上出了差错，刚刚被主管训了一通……"

B："被斥责了呀……"

A："如果当时好好检查一遍就好了，忽视了一个小细节……"

B："是小细节上出了问题呀……"

A：“应该更慎重的，并不是做不来，更加谨慎一些就好了……”

B：“是啊，确实如此。”

重复、确认对方的讲话，是在劝慰对方的时候经常用到的方法。不打断对方的话，不强加自己的意见给对方，只是“嗯嗯”地颔首倾听，认可对方的讲话。这样就可以让对方安心地把话讲下去。如此，可以打消对方的顾虑、不安，让其敞开心扉，把想说的话滔滔不绝地讲出来。

那么，应该怎样讲才能让讲话的人心情好起来呢？

难道是不管对方讲什么，都一味地答应“是这样的”吗？

人在不安的时候，非常渴望有个人能听自己说说话。这种渴望跟别人一起聊聊的心情被称为“亲和欲求”，因为在不安的时候，人会对跟自己在一起的人产生好感和信赖感。

美国心理学家萨库特曾进行了一次电击效果的实验，他将女大学生分为两组，A组的学生可以看到电击装置，并被告知

"虽然感受不到电击带来的疼痛，但仍会感到少许的不适。"B组
学生看不到电击装置，被告知"电击的程度非常轻，完全感受
不到痛苦。就像一股暖流涌遍全身。"然后将两组人分别安置
在不同的房间内，并给出3个选择：

1.一个人待着。

2.跟别的学生一起待在大屋子里。

3.怎样都好，无所谓。

此次电击实验，在学生们从3种选择中拿定主意后宣告结束。

结果显示：约有6成的学生希望跟别的学生待在同一个屋子里。另外，A组学生中选择跟别人待在同一个房间的人数是B组的2倍。同时，对跟自己一起的人抱有好感的人数急剧上升。

在遇见重大难题的时候，人会陷入一种强烈的孤独感之中，这时，人的亲和欲求增强，会对跟自己在一起的人产生强烈的"一体"之感。

另外，人会有偏袒自己的倾向。所以会对那些跟自己相似，持有相同意见的人抱有好感。

所以要想打动对方的心，需要先赢得他的好感。尽可能地挖掘跟对方的相同点，认可对方的意见，这样就会更多地赢得对方的好感。"是这样的""我也这样认为""我也遇到过这样的事呢"诸如此类的回复，都可以让对方安心下来。

平常所说的同病相怜也是源自这种心理。人，谁也不愿意只有自己"烦恼着",如果知道别人也有同样的烦恼,就会有一种"解脱"的感觉。

当对方痛苦不安的时候,如果你能充当一个听众,对其表示认可,就会得到对方的好感与信赖。

越禁止越让人充满好奇

"绝对不能看"，如果听到这样的告诫，你想看的欲望是不是反而被激发出来了呢？越是被禁止，就越是想了解，说的就是这种情况。

假如你是男生，被喜欢的女生冷淡对待，那么你是不是会越来越觉得对方更有魅力了呢？

曾经，在美国波士顿上映的电影《卡拉卡拉大帝》遭到了禁播。影片刻画了以残暴而著称的罗马皇帝——卡拉卡拉大帝，影片因为含有大量残暴、血腥的镜头而遭禁。禁播的消息一传出，相邻州省观看《卡拉卡拉大帝》的人数却急剧上升。由此现象开始，因为被禁止，反而更想了解的心理被称为"卡拉卡拉效应"。

美国心理学家阿斯莫亚用实验证明了"卡拉卡拉效应"。为了证明某事物"有价值",在人们试图接近、了解的时候下达"禁止"的命令,结果,会有更多人的好奇心被激起,从而达到了预期的效果。

这种效应也属于一种利用人的心理的方法。

例如,有A、B两个按钮。如果说"A按钮可以按,B按钮绝对不可以按"的话,那么按下B按钮的人会更多。"不可以……"因为带有强烈的情感色彩,反而会让人做出被禁止的事情。

也就是说,在拜托人的时候,如果你对对方讲"为难的话,就不必勉强了",说不定对方真的会帮你做这件事呢。

另外,这与每个人都有观看恐怖事物的好奇心也有关系。

对此,加拿大心理学家海普用黑猩猩进行了实验。

对其中的一只黑猩猩进行头皮剥离,然后观察围观的黑猩猩的反应。结果,处于青年期的黑猩猩,明显出现了恐慌反应,试图逃离现场。

与之相反，刚出生的或是幼小的黑猩猩则没有流露出恐慌。并且，就算感到恐慌，它们依旧因为好奇心而试图接近、触碰恐慌的所在。

也就是说，面对相同事物，年龄不同，反应各异。

海普认为，人类跟黑猩猩类似，对司空见惯的事物，一方面感到安心，另一方面也觉得无聊。与之相对，面对没见过的很难接触到的事物，人们则会感到不安、恐惧。尽管这样，人

们仍然抱有一探究竟的好奇心。

在一段时间里，恐怖片受到追捧，就是击中了人们的这种好奇心理。因为人人都渴望给安定、无聊的生活以刺激，渴望惊心动魄。与现实生活不同，电影是被制作出来的，是可以安心观看的惊险刺激。

也就是说，被禁止、恐慌都会引起人们的好奇心。所以如果想引起对方的兴趣，不如试试这些法子：故意让对方见不到，做一些出其不意的事情，抑或很出格的举动，等等，只要是让对方感到刺激就好。

根据喜好，采用不同的讲话方式

以下两种讲话方式，你更喜欢哪一种呢？

如果是别人对你讲话，哪一种方式让你听起来更舒服一些呢？

A：你看起来精神抖擞的样子。工作有些忙吧……关于……你怎么看？

B：某事……就拜托给你了。之所以麻烦你，是因为……

讲话的方式分为两种："顶峰法"和"低谷法"。

像A这种将结论放在最后的方式就是"顶峰法"，而B，在一开始就讲明结论，则是"低谷法"。

所谓的"顶峰法"是以客套、寒暄话切入，表达对听者的关心，在谈话气氛最热烈的时候，将最重要的、自己最想说的话表达出来。

撰写报告的时候一般会采用"顶峰法"：先行罗列数据、讲述理论，直至最后一页才会写道"综上所述……"，将真正的主张放在最后来阐明。这也是最常规的做法——在最后时刻、掀起话语的高潮。

"低谷法"与此正相反——是先将结论表明，然后论述原因的方法。也就是说，在一开始就对听者表明自己的态度。

在与人沟通中，要想让听者对谈话的内容感兴趣，且能够将对话进行下去，使用"顶峰法"会更有效一些。

因为最后听到的信息更容易保留在记忆中。所以，在开会的时候，当与会人员的兴致渐高时，将结论徐徐道出，最后以强有力的主张来收尾，就能收到震撼人心的效果。并且，在最后一刻表明意图，更容易让人接受。这种方法，在听众众多的场合更能显示出其效力。

相反地，如果听者对谈话内容不感兴趣，不太想继续对话的时候，"低谷法"就能发挥作用了。

刚一交谈，就将最重要的话全盘托出，之后不管对话如何都不要紧了。因为已经将自己想讲的话讲出来了，既然知道对方兴致不高，那么还是早讲的好。

这种方法，在给上司作报告、短时间给出结论等时间受限的情况下都很有效果。这时用"顶峰法"，如果听者没有兴趣，铺垫太长，有可能会被中途打断。

对这两种方法，每个人的喜好是不一样的。就日本人而言，还是喜欢铺垫长一些的"顶峰法"。与直截了当地讲出结论相比，还是喜欢从关心听者的话语入手，即使听者不感兴趣，但慢慢也会被感染，最终对你表示认可。

另外，喜欢"低谷法"的人，多是有过周密考虑，讨厌过多铺垫的人。他们不了解谈话究竟要进行多久，也不知道何时切入正题比较好，并且会因此感到焦虑。

采用"顶峰法"的人，在自己做听众的时候，也喜欢同样的讲话方式。而采用"低谷法"的人，一旦发现在结论之前有着超长的铺垫的时候，就会感到头大。甚至有人会担心，绕来绕去地不肯切入正题，是不是有苛刻的条件在等着自己。

如此这般，根据听者的喜好，选择不同的讲话方式才是聪明的做法。

迎合对方脾气才能说服对方

想让别人接受你的想法的时候，你是喜欢先铺垫呢还是直接讲想法呢？听别人讲话的时候，你是喜欢对方直接告诉你"这就是……"，还是想通过自己的判断、得出结论呢？

关于"顶峰法""低谷法"，前一节已经讲得很全面了，但是这两种方法在具体使用的过程中还是有很大的差异。

如果用"顶峰法"，先是长长的铺垫，然后在谈话气氛热烈的时候切入正题，那么可能会遇到这样的状况：铺垫占用了太多的时间，结果听者离席而去；又或者会被完全相反的话题所取代。

采用"低谷法"的时候，既然是因为担心对方不感兴趣而在一开始就进入正题，那么后续的说服也不见得有效。另外，一开始就进入正题，在阐述理由的时候，如果不能传达出真正的意图，那么听者就有可能会不理解你的意思，从而无法与你达成共识。

这时候，一句"再次重申"就很管用了。

一开始就将自己的主张和盘托出，然后条理分明地讲述原因，最后用"再次重申"回到最初的主张，将自己想表达的意思重述一次。

新闻记事之类的报道，会先用一个重磅消息吸引读者的注意力，然后通过一个个小的关键点，将尽可能丰富的信息传递给读者。虽然新闻记事的做法是可以吸引读者读下去，但还是最后的"重申"更能给读者留下深刻的印象，起到传达的效果。

再说"顶峰法"。铺垫过后切入正题，即使能够说服对方，也会给人"原来如此，这才是真正用意"的感觉。

这种时候，既然采用了"顶峰法"，那么最好是能够给出选择项。

"如果选择 A 的话，是这个样子……，选择 B 的话则是这样……"，在提出两种方案之后，可以这样讲："当然，每个公司的策略是不一样的，决定权在您这边。"

当对方跟你说"如果是你，你会怎么选"时，请顺势而为：

"如果我是某某主管的话，我会选择 A。原因是……"，将对方引入自己的主张之中。

"业界人士，也多会采用这种方法"，通过这样的推介来传递信息也是很好的选择。用"也有这种方法"来代替"请这样做"，会让人感到自己有选择的自由。

另外，提出两种方案，就不是简单的"二选一"，而是"哪一种更好"的商谈。

一言以蔽之，面对不同的人，不能采用相同的说服方法。

如果对方是擅长理性思维的人，那么条理清晰的逻辑论述，会让对方更容易接受。如果是感性的人，那么饱含深情的说辞会更有效果。

要善于让客户自己做出选择

刚入行的推销员，会因为太想拿下订单而越俎代庖地替客户做决定。

"我们公司的A产品比别家公司的B产品性能优越很多……因此还是选A的好，并且很多使用A产品的企业反馈也很好。"类似的说辞不绝于耳。

"这个很好呀。"

"还是选A吧。"

听到这样的劝告，客户一般都会有被勉强、被强迫的感觉。然而，任何人都希望最终的决定是自己思考后做出的选择。虽然劝说是必须的，可一旦听到"还是选这个吧""请这样决定"之类的话，还是会让人感到不舒服。所以，客户基本不会采纳这样的建议，如果是自己完全没兴趣的商品，则会直截了当地说"NO"。

在劝说的时候，如果采用"这样的话，您看怎么样呢""还有这样的方法哦"等探讨、商谈的方式，效果则会好很多。因为设定了选择的自由，对方会认为值得考虑而接受。

阐述主张的做法之一是不表明主张。有两种说法，一种是在分析完原因之后，说"所以说，还是这种做法是最好的"，一种是"如上所述，大家有何见解呢"。这样的说辞，会让听的人感觉很不一样吧。

在阐明理由之后明确结论的做法是"明示的劝说"，不明确结论的做法是"暗示的劝说"。

美国心理学家和布兰迪与曼迪尔对此进行了实验。

他们将学生分为A、B两组，让其阅读主题为"美元汇率下调"的文章。其中，A组学生读到的文章只是关于美元汇率下调带来的种种好处，而B组学生在相同内容之外，还会读到明确的结论："所以，美元下调汇率是应该的。"

结果，赞成美元汇率下调的人中，B组的人数约是A组的2倍。这个实验虽然表明"明示的劝说"很有效果，但也会让接收明确暗示的人感到一种压迫感。

那些擅长理性思维，有自己的主张，会在充分思考之后做出结论的人，是非常讨厌别人强加给自己各种建议的。所以，面对有自己主张的人，还是只论述原因，让他自己拿主意的劝说要更好一些。

与此相反，更容易接受明示劝说的人，是跟随大众脚步的人。他们尊重大多数人的意见，谁的劝说强势、有力，就会听从谁的意见。

这种时候，就需要在讲完原因之后，直接给出结论，然后让其给出答复。

不仅是听者，对于读者、受众也可以适用这样的方法。根据对手的不同，采用不同的对应之策。

当然，要做到这一点，需要在日常生活中注意观察人们是如何从"NO"转变为"YES"的。

chapter

4

....

利用"摇摆意志"
增强接受度

用"权威效应"增强"接受度"

初次见面，对方的自我介绍会给你留下怎样的"第一印象"呢？

即使关于对方的介绍只有"医生""律师"等字眼，相信不少人也会马上联想到"精英""聪明""有钱人"之类的字眼吧。

在心理学上，有这样一个实验：将同一个人介绍给不同的学生，看后者对前者的评价有何不同。

其中，在一个班级中，这位待评价的人以大学教授的身份出现；在另外一个班级，则以学生的身份出现。结果显示，听闻他是大学教授的班级给出的评价要高出另一个班级很多。因为一听到"大学教授"，学生就会自然地认为"对方很优秀，值得尊重"。

"学历低的人没教养。"

"职场女性自尊心更高。"

诸如此类的判断，其实毫无根据。因为在对别人进行评价的时候，我们并不是单纯地从一个人自身的情况出发，而是会更多地根据他的职业、社会地位等因素来进行判断。

如信奉权威的人，会从一个人的名望、资质等方面进行评

判；在意容貌、姿态的人会从颜值方面进行判断；强调金钱的人，则会以家庭背景、财产实力等为准则进行评判。

将人放入固定的标准框中进行评判，是非常刻板、传统的做法。可是，一旦建立起这样的"标准框架"就很难改变。因为人会无意识地搜集、接受那些跟自己的标准框架相关联的信息，并且会期待（或者是不期待）对方有相应的特质，将以此得出的评价推而广之地成为对对方整个人的评价。这种心理活动，在心理学上被称为"光环效应"。

美女、帅哥、学习好的人之所以会被认为性格好，正是出于这种心理效应。

其实，容貌姣好的人在性格方面千差万别，但这种心理效应会在不知不觉中影响人们的判断。

从另一方面来说，我们可以将这种心理效应进行逆向使用。

例如，你想让商业谈判顺利进行，或是解决纠纷时，就可以请相关方面的权威人士担任仲裁。这就是针对"习惯通过社会地位进行评判的人"而逆向使用"权威效应"。

在市中心经营高层公寓的E先生，过着悠然舒适的生活，"虽然要承担大额的税金、管理费，但他跟住户之间没有任何的矛盾。"

可是一段时间之后，E先生也遇到了收不上租金的难题。新入住的是个外国人，总是没有钱，已经近半年没有支付过房租了。虽然E先生找对方交涉过几次，想让他搬出公寓，但每次对方都以"没有地方可去"或者"一有了钱，马上交租"搪塞过去。这个外国人租住的是20万日元以上的公寓，两三个月的房租就是相当大的一笔钱。困扰不堪的E先生向同样经营公寓的朋友倾诉，结果找到了解决方法。E先生用了朋友的方法以后，那个外国人立马就搬走了。那么，E先生用的是什么方法呢？

E先生的方法是寻找了一位租赁纠纷专家。既然对方不正面回应，置人之常情于不顾，那就拜托专业人士好了。当然这需要付给对方20万日元的手续费——也就是一个月的房租，相对于房客长时间拖延不交租，这算不上什么。

无论在什么行业，都会有专业人士，如专业谈判人、银行家、医生等都是相关领域的行家。各行各业都因专业人士的存在而更加顺畅地运转。而这些专业人士中的那些权威的人，更是有着"一言九鼎"的效力。可见，如果你想说服的对方是信奉权威的人，那么利用"权威效应"就是说服对方最有效的方法。

通过"诱导式询问"获得答案

下面是一段两个同事之间的谈话。

你能看出来听的一方的真实意图是什么吗？

"我最近经常失眠。"

"是吗？那你是因为什么而失眠呢？"

"可能是太累了，精神不佳。"

"明白。那你因为何事而感到疲惫呢？"

"人际关系之类的啦。"

"是啊，人际关系的烦恼是工作中无法避免的事情。"

"嗯，人际关系带来的压力让人很烦恼。"

"是的是的，特别是跟讨厌的人打交道的时候。"

"确实如此啊。"

"你们部门，看起来一团和气的样子嘛。"

"是吗，是这样吗？"

"让人头疼的人，比如说？"

"……"

"啊，明白了！是某某吧？"

"某某虽然并不是特别……"

"有很多他的传闻哦。"

"什么传闻？"

"周围的人都说他很让人头疼呢。"

"嗯，多少有点……"

"有谁不是这样认为的吗？"

"不是，这要怎么说呢……"

"是的是的，是某某啦"，之所以肯定对方的话，是为了向对方表示相同的意见，让对话顺利地进行下去。

与志同道合的人谈话的时候，为了表示完全赞同，一般会这样讲。当然，在搪塞、敷衍对方的时候我们也可以用这种方法。

想换话题时，也可以这样做——一面重复着对方的话，一面将话题引到自己想听的内容上来。

比如，虽然表示认同对方的话，但也会让对方在考虑你的意见之后得出结论。

本文最开始的对话，是一个引导对方讲出真心话的例子，属于"诱导式询问"的一种。

诱导式询问，经常在法庭剧中出现——律师为了得出某个结论，会在询问的时候给予某种暗示。

让对方一味回答"YES"的提问，不用多说，这总是抱有某种目的的。所以，如果听到认同的回应，就要警惕：可能是诱导式询问呢。虽然对方不是故意的，但也是在打探你内心深处的秘密。

需要注意的是，使用诱导式询问的人，也容易被诱导式询问。这样的人虽然有疑心重的嫌疑，但他们越是想探寻别人的秘密，就越是不想自己的秘密被别人探寻。这种倾向越是强烈，就会如"作用力与反作用力"的关系那样——他们的秘密就越容易被对方探寻到。

曾经有一档纪实节目，对女性观众进行了"你是怎么看待在街上被男子成功搭讪的女子"的问卷调查。

对于"如果你被搭讪……"的问题，很多回答是"多数会拒绝""没有那样的经历，不了解""如果感到对方不错，也可能会同意"。当然也有"肯定会拒绝""一定不会同意的"之类的回答。虽然大多数人会以为"洁身自好的人，拒绝的概率当然要高"，但是越是自律的人越是自我压抑得厉害，结果更容易被搭讪。这也是"从一个极端走向另一个极端"的例子。

同样地，如果你的上司是一个擅长使用诱导式询问的人，那么你可以逆向使用诱导式询问，让其给出你想要的回应。

轻微威胁的劝说，更容易成功

很多时候，如果只是常规劝说，对方很可能不会同意。这时，采用"威胁、恐吓式"的劝说，效果就会有很大的不同。比如说：

"如果再这样下去就会……"

这样的劝说，会引起对方的恐慌心理，然后再提出"要改善的话，这样做就好""使用这款商品，会有这种效果"等建议，这时你就很容易达成商品促销的目的。

再比如。在宣传对牙齿的爱护的时候，医生会让受众一边观看牙病的相关图片——刷牙的方式不正确的话，会引发牙龈肿胀、牙周病等病症。一边进行说明。其中的道理也是利用了人们的恐慌心理。

那么，在现实生活中，究竟何种程度的"威胁劝说"会奏效呢？

让我们来看一下美国心理学家杰尼斯与弗西巴克的实验。他们将参加实验的志愿者分为三组，观看不同的关于口腔卫生的视频。

第一组的内容：刷牙及选择牙刷的正确方法。

第二组的内容：就"正确的刷牙方式可以防治牙病，保持健康牙齿"进行说明。

第三组的内容："采用不正确地刷牙方式，结果导致了各种牙齿问题"的相关照片。

可见，对每一组的劝说力度、说服方法是不一样的。

观看结束以后，他们请参与实验的人讲述自己的感想。其中第三组的志愿者，感受到了强烈的威胁和不安——蛀牙、牙周炎等需要注意。奇怪的是，在接下来的追踪调查中，从第二天开始第三组改善刷牙方法的人并不多。相反，另外两组，虽然受到威胁的程度并不深，可改善刷牙方法的人要比第三组多一些。

　　从这个实验的结果可以看出：恐慌与劝说效果之间成 U 型关系。即如果引起对方的恐慌，那么会提高对方对相关问题的关注，从而达到劝说的效果。但需要注意的是，这种恐慌一旦超过了对方可接受的限度，对方就会产生怀疑、抵抗的心理，劝说的效果就会差很多。

　　还有，如果平时就关注牙齿保护的人，那么不管劝说的人是谁，都很容易取得效果；如果平时对此就是漠不关心的人，则不会有效果。也就是说，虽然受众的接受程度与他们跟劝说者之间的关系相关，但更重要的是，如果劝说的是其最关心的事情，那么效果会非常显著。

　　一个简单的例子，对在意皱纹、雀斑的女性进行"如果这样下去，雀斑、皱纹会增加的"这样的广告宣传，效果是非常明显的。

　　绝大多数女性都希望自己永远年轻、美貌。所以，一旦看见这样的广告或者宣传，就会有"自己的皮肤会不会变得那样糟糕"的担心。

所以，广告中会经常进行这样的宣传："如果使用这款润肤露，就可以有效预防皱纹、雀斑""著名女星某某也在使用这款产品""使用本款产品之后，皮肤变好了，皱纹、雀斑也减少了"。相信看到这些宣传的人，会因为担心自己皱纹的增加而选择购买广告中的润肤产品。这种宣传手法，就是击中人的烦恼，引起人的恐慌。

总之，柔和的威胁，会对在意体面的人，担心被孤立的人，自我保护欲望强烈的人——不想打破现在平衡状况的人更有效果。

但是，如果威胁过度了，就会引起对方的反感，招致敌意，所以威胁需要适可而止。

"阶段式说服"让人更容易接受

　　向熟人借钱的时候，如果刚开始就用"请借给我十万日元"这样的语句。大部分人都会拒绝。

　　如果用"今天我需要五千日元，可以借给我吗？"这样的语句，相信很多人都会答应。

　　然后，你再跟同一个人借十万日元，这个时候往往是很容易成功的。

　　这就是所谓的"得寸进尺法"。

　　意思就是刚开始的时候，先提出一个任何人都会同意的请求，等拿到对方的"OK"时，然后再跟对方提更大（本来）的请求，这时对方往往也会同意。

　　对此，上门推销的销售人员很有体会：尽管大多数人都很讨厌上门推销，但是只要能让对方开门，那么购买商品的几率就会大大提高。这时如果客户刚开门你就讲"请买……"，那么被拒绝是很正常的。因此，你可以说"请给我五分钟的时间……""正好顺便路过，只是过来打个招呼"，这样讲的话，大部分情况下对方都会开门让你进去。

　　因为听到"五分钟就足够了""不是一定要买的"这样的语句，客户就会放松警惕，允许推销人员进门。之后，在谈话的过程中，巧妙地对商品进行介绍，最后在不知不觉间就会达成购买协议。

　　这是"逐步推进法"，也被称为"阶段式说服法"。

　　针对这种心理现象曾经有过这样一个实验。以临街的住户为对象，展开相当复杂的调查。有三种不同的做法：

　　1.突然造访。

　　2.先是电话确认，然后再实施调查。

3.刚开始，先在各家各户中做简单的调查，然后再进行真正的调查。

结果显示，与方法1和方法2的20%的同意率相比，方法3的同意率则上升到了53%。其实很多时候都是这样——在实现一个小请求之后，大请求也更容易被接受。在切入正题之前的那些小请求，对方是很难拒绝的。

为什么会出现这种现象呢？

因为我们天生就有一种保持自己言行一致的倾向。如果接

请喝一杯……

受了刚开始的请求，那么一旦拒绝接下来的请求，就会觉得自己前后矛盾、不一致，会认为后边的做法不妥当。正因为如此，如果答应了刚开始的请求，那么在拒绝第二或者第三个请求的时候，就会有非常大的心理负担。

在恋爱中这种方法也非常适用。

如果不是自己心仪的异性，那么，针对如下几种情况，你会同意哪一个呢？

A：直截了当地跟你讲"请跟我交往"。

B："请跟我约会。"

C："我们一起去喝一杯吧。"

D：下班途中，"就近喝一杯怎么样？"

不用说，肯定是同意 D 的人要更多一些。

只要不是非常讨厌的异性，那么面对 D 这种情况，大多数人是会同意的。因为在咖啡馆喝杯咖啡，并不会引起对方对"异性""约会"等词的敏感，很容易就同意了。相反，在彼此都不熟悉的情况下，被告白"我喜欢你""请做我的恋人""请跟我交往"等，被拒绝的几率就会变得很高。

　　所以，如果想约自己心仪的人出来，最好使用"去喝一杯怎么样啊"的轻快措辞。然后加上一句"正好有些事情商量一下……"，那么对方接受你的邀请的几率就会大大上升。

用“免费服务”推销产品

化妆品公司的销售人员经常会在街道上派发试用装：

“请试用一下，如果喜欢，欢迎购买。”

一些企业因为没有在电视、杂志登广告的预算，就会采用电话营销的方法。

看着通讯簿，销售人员一边想着该从何处入手，一边拨打可能是宅女的电话号码。

“您好，这是企划宣传部。恭喜您，成为百位入选人之一。被选中的人会收到我们公司新开发的某某商品试用装，包邮的哦。”接听电话的女性中，有人会因为“那就寄过来吧”“如果不喜欢，就不买”的简单想法，而不会去想接下来的事情。

几天之后，销售人员将样品及宣传资料一起寄了过来。其中，小册子上会有诸如"肌肤会变水润""某某女星也在使用"等广告语，也会有"价格虽然稍高，正是基于我们海外独自开发的原因"的补充说明。

就在顾客收到样品后的几天，电话会再次响起。

"您使用后，感觉如何呢？"

"坚持每天使用，一两个月之后肯定有效果的。"

因为是免费寄送的样品，女性也不好直接讲"完全没有效果"。即使没有使用，也会说出"是啊，不错"的回应。

"非常感谢，那么您准备继续使用哪款产品呢？"

随着对方报出产品名称，就已经暗含了让女性购买的意思了。

这种时候，如果客户想阻止对方的一再推销，就会想"买个最便宜的好了"，于是下单，而这也正是对方的意思。

而当购买的商品刚刚寄达，电话会再次响起。当顾客意识到这是对方的销售策略时，已经再次下单了……

实际上，当顾客同意接受免费样品时，就已经被对方抓住了很难说"不"的心理。虽然是免费寄送，看起来很优惠，但实际需要的费用已经包含在所谓的"又不是高很多的价格"中了。"不买也没关系"的话语，更是抓住了顾客一旦接受就不好意思拒绝的心理。

做个测试。从下面的 A 和 B 中选出与自己最接近的选项。

A：与独处相比，还是跟众人在一起更安心。

B：一个人待着的时候感到放松。

A：一旦被拜托，就很难说"不"。

B：只要是自己不喜欢的，就会断然拒绝。

A：在金钱方面很节俭。

B：花钱随意。

A：对潮流敏感。

B：不关心流行。

A：容易被感情左右。

B：理性思考。

如果选择A多一些，那么你需要掌握更多的拒绝劝诱的方法与技巧。

因为对你而言，无论是接受免费样品，还是购买商品，都会无法拒绝。对"只是试用一下，很多顾客用后都说好呢，所以推荐给你"之类的劝说更是毫无抵抗力。

欲擒故纵才能掌控他人

在恋爱中，要想顺利进行就要懂得"能进能退"的技巧。不管你有多喜欢对方，如果一上来就摆出非常强烈的追赶姿态，就会让对方感到恐怖，甚至，对方有可能会因为被纠缠而选择逃跑。

请别人帮忙或者与客户谈判也是同样的道理。不能总是一味地进攻，时不时地也需要后退，如此才能有效。

对此，美国心理学家杰蒂尼进行过如下实验。

他在大街上进行献血的宣传，目的是看哪种说辞更能让行人接受。

第一种："请明天来献血，好吗？"——直接询问。

第二种："在今后的几年中，每两个月献一次血。请与我们达成这样的协议，可好？"被拒绝后，继续说："不可以啊。也是，几年的话，有些强人所难。那么，一回可以吧。明天，明天来献血，怎么样？"——间接询问。

实验结果显示，采用第一种方式询问时，有31.7%的人接受献血的邀请，68.3%的人拒绝。采用第二种方式询问时，则有49.2%的人同意。

签订一个几年或定期的协议，总让人觉得很麻烦，但是仅仅一次的请求就会让人觉得"还可以接受"。当然，也会有"可以为社会、为他人做一些事情是值得的"这样的考虑。

在这个实验中，被劝说的行人是随机的，他们并不知道实验的真正目的就是"说服他们献一次血"。现实当中，总是有这样的事情发生。这正是"有心栽花花不开，无心插柳柳成荫"。

每个人都会有这样的心理：在拒绝了一个较大的请求之后，出于补偿的考虑，会同意一个较小的请求。因为在拒绝最初的请求之后，面对较小的请求，人们会认为"对方已经做出了让步"，那么自己也应该退让。

这是与"得寸进尺"相反的"以退为进"的做法。

一开始提出的较大的请求被拒绝，这时，后退一步提出一个较小的请求。这就好比想登门入室，但门打不开，那就先打开玄关好了。

假如一位同事对你说："在发薪水之前，我已经没钱了。能不能借我五万日元？"

"虽然知道你很困难，但我也拿不出这么多钱。"

"这样啊……那先借我一万日元救救急，可以吗？"

这时，你该如何作答呢？

"嗯，一万日元，那好吧。"很多人是会同意的。

这种心理技巧，推销员也经常使用。

"那样高的价格，我负担不起。"

"是，价格确实有些高。那么这款产品怎么样呢？价格只是前一种产品的三分之一哦。"

一开始就提出一个任谁都会拒绝的请求，在被拒绝之后再提出真正的请求。死缠烂打式的纠缠会让人感到厌烦、不快，而退让式的请求虽然会让人感到有些冷淡，但容易让人接受。

在恋爱中，也可以使用这种"欲擒故纵"的招数。

当你遇到喜欢的异性，如果你以试探的口吻说"跟我结婚怎么样"？结果会如何呢？

一脸困惑的意中人，肯定会毫不犹豫地拒绝你。

"原来不行啊。那我们一起去吃好吃的点心怎么样？"

此时，对方就会很爽快地答应："这个嘛，当然是可以了。"

这种方法，在面对不是那么容易搭讪的异性面前，也是非常适用的。

说"是"之后，就不好意思拒绝了

你正在挑选笔记本电脑，正在犹豫是否购买经典款时，推销人员向你推荐了另一款新型的电脑："这款价格要便宜很多，功能更好，性价比也很高！"

当你终于下定决心"那好，就买这款新品吧"，准备买单时，你发现有额外的捆绑销售。如果全部买下的话，会比只买经典款的价格高出很多。

"如果一开始就讲清楚有捆绑销售的话，自己说什么也不会买的……"虽然很多人对此愤愤不平，但是推销人员为什么依旧会这样做？

购买商品的时候，一旦到了支付环节，很多原先意想不到的额外费用，也是无法拒绝的。这一点，无论是在缔结合同还是在取消合同的时候，都需要注意。

不然就会掉进支付额外费用的陷阱里……

相信很多人都有类似的经历吧。

只要妥协一次，人们就会陷入不断妥协的泥沼中。面对此种现象，人们还会认为这是自己做出的选择，是自己应该承担的责任。

心理学家通过一个实验也证明了这种心理。

实验人员给大学生打电话："请参加我们的心理实验好吗？有报酬的。"

然后在提出实验时间时，分为两种情况。一种是在学生答应参加实验之前，一种是在其后。"请在明天，也就是周三，或者周五的早上7点准时参加"。

结果，第一种情况只有31％的人答应会来参加实验。相反，第二种情况，当学生已经同意参加实验之后，虽然时间是

"明天早上7点"——多少有些出人意料，但半数以上的人还是同意了。

可见，一旦被对方开出的条件所吸引，应承下来，那么就会对对方产生感激、感谢之情。之后，即使"对方的话有出入"，自己无论如何也不好全然拒绝。

"不好意思拒绝"说的就是这样的情况：如果再拒绝的话，总觉得有些不妥……可能是因为取消之前的决定会很麻烦，也可能是不想被对方讨厌。有一些人也会认为"在决定之前没有仔细询问清楚，本就是自己的责任"。

被最初的诱人条件所说服，即使后来发现这些条件都不能兑现，但出于自身不好意思取消承诺的心理，即所谓的"人情世故"，也一样会主动承担后果。因为一旦同意之后，如果要取消或解约，人们就会感到羞愧。不解约的后果就是明明知道对自己很不利，可还是硬着头皮走下去。

最开始是简单的请求，最后却达成了别的请求。这种巧妙利用人们心理的做法，被称为"Low Ball Technique"（低球技术）。

本来的意图是对方不可能接受的高 ball（球），但在最开始的时候让对方看到的是非常容易接住的低 ball，以此打动对方的心。这样的做法也被称为"先声夺人"。

一旦设定好最终的目标，那么就可以先从 low ball（低球）开始，让对方一步步接受，然后提出本来的要求。也就是"诱敌深入、逐个击破、步步为营"。

诈骗团伙经常使用这样的手段。

刚开始，他们会用一堆诱人的条件让人答应。之后会说"太不凑巧了，可以这样吗？"提出跟之前不同的条件（也就是本来的目的），结果还是能得到人们的同意。

一开始就展示出诱人的条件，让对方欣然同意，之后会颠覆之前的说辞，但对方无论如何也不好意思拒绝。诈骗之所以成功，正是利用了这种心理。

有时候，诈骗的人会以局外人的身份说："不单单是你，就连我自己也没想到会是这样的结果。"更有甚者会装成受害人的模样"我也遭受了重大损失"，以这样的方式糊弄过去。

"Low Ball Technique"在商务谈判时也非常适用。它可以促使对方尽早跟你达成良好的合作关系，但是你仍然需要注意，千万不要落入对方的圈套。

通过"二选一"的方式劝解他人

工作中，我们经常需要向上司交提案。可是，当上司面对你的提案模棱两可地说："嗯，稍后我会看一下。"或者说："现在不能立刻给你回复。"

如果遇上这种类型的上司，你应该怎样劝说才会管用呢？

自我保护欲望强烈的人和优柔寡断的人，都很难下定决心。

"该怎么办才好呢？"这样说的人，其实是不想承担责任，总是在寻找逃避的方法。

对于这样的人，给出明确的选择是一种好方法。

这在销售当中，被称为"二选一的劝说"。

　　面对不打算购买任何产品的顾客，销售人员一般都会这样劝说："现在正是用这两款产品（A、B）的时候，您更看好哪一款呢？"这种"二选一的劝说"往往会让很多顾客给出"还是A或者B好"的回复。

　　减肥是一直是永恒不变的话题，所以健身课程非常受追捧。有经验的推销人员不会简单粗暴地跟顾客说："还是瘦下来更好看一些呢。"

　　他们会询问顾客："腿跟腰，您更在意哪个部位？"面对这样的提问，女性顾客会怎样作答呢？

　　即使看起来已经很瘦的女性，依旧希望自己的腰更纤细，有一个玲珑曲线的身材。

　　如果顾客说"更希望自己的腰细一点"，推销员会顺水推舟："是啊，很多顾客都很在意腰部曲线。"——利用"从众心理"——"夏天也近了，是穿泳装的时候了。我们这里有专门减腰部脂肪的课程哦。"

　　可见推销的时候，不是漠然地询问"该怎么样呢？"而是给出明确的选择"A还是B"，这才是劝说、说服的关键。

顾客既然愿意从A或者B中进行选择，那么自然就已经有了购买的意愿。

这不仅是销售、劝告时的关键法则。

当你想要和喜欢的人约会时，这种方法也是很实用的。

用"休息的时候，我们约会吧"这样的说辞去约对方，被

接受的概率是50%。但如果用"意大利料理、日本料理，你喜欢哪一种？"或者"是喝一杯，还是K歌呢？选一个我们去放松一下。"成功的可能性就要大得多。

对话中已经轻松地给出了二选一的明示。接下来，就不会得不到对方的回应了。

不管对方做何种选择，你都可以说"这样啊，我也喜欢""那么，我们一起去好了"。这样是不是很容易就可以约到对方呢。

给出两种选择，可以让对方感到"是自己自由进行的选择"。并且这些选项都是你给出的，不管对方选哪一个，都在你的期望之中。

这样的方法在商务中也经常被使用。

"知道您很忙，那么这周或者是下周，您什么时间方便呢？"

如果对方说"嗯，下周会很忙"，那么你可以继续说"那么，下下周应该可以吧？场地的话，由我们来负责。"

这样，不仅可以让对方做出选择。还可以推进："还是边吃边谈的好。日本料理、中华料理，您更喜欢哪一种呢？"

当然，这样的做法并非每次都有效，但跟冷淡地"一定要见您一面"的请求相比，还是二选一的做法成功率要更高。

chapter
5
· · · · · · · · · · · · · · · · · ·

利用"心理暗示"
给出希望

解释之前，先道歉

　　当工作上出现失误时，一旦被老板发现，我想任谁都会极力解释一番吧。

　　但诸如此类的说辞："我已经按照指示做了呀……""最近睡眠不足，耽误了……"，都不是为了认错，而是拿别的事情来当挡箭牌。小错不断的人是不会认真道歉的，只会一味地找借口。

　　所谓解释，是在做出被别人指责的行为时，为了强调自身的正确与正当以及不落口实的说辞，是一种避免自尊心受到伤害的自我保护机制。解释的时候，与其说是跟对方道歉，不如说是为了保护自己。

　　解释中有一种方式，被称为"为自己开脱"。

举例说明：公司的人一起去打高尔夫，有的人事先会这样说："最近工作很忙，练习的时间根本不够啊。""已经两三年不打了，肯定打不好的。"

之所以会这样说，是因为他们对打高尔夫不自信，唯恐受到别人的嘲笑。为此，只要事先作了说明，即使成绩糟糕，对自己跟别人也都有了交代——毕竟很长时间没有练习了，掌握不好诀窍是很正常的。

考试之前说什么"感冒了，身体不适"也是这样的例子——为成绩糟糕预先留好余地。如果成绩理想，就变成了"尽管身体不舒服，可依旧做得很好，不是吗？"

像这种"预先留下伏笔，无论结果如何，都不会伤害到自己"的做法被称为"为自己开脱"，也叫"事先道歉法"。

但是，那些习惯解释和解释已经成为一种癖好的人，是不需要使用这种技巧的。因为周围的人早已习惯了他们的说辞，不等他们开口就会明白他们的理由。

那么，对于喜欢解释的人，你是如何看待的呢？

假如你需要跟四个不同的人搭档，用黏土搭建一座房子模型。这四位搭档的表现如下：

A君：将自己的双手缠好绷带，说"受伤了，手一动就疼"。

B君：将自己的双手缠好绷带，什么也没有说。

C君：没有缠绷带，只是说着"受伤了，手一动就疼。"

D君：既不缠绷带，也没有说什么。

模型搭建完之后，由裁判进行评判。褒贬不一是肯定的。

之后，你需要对搭档的创造力及好感度做出评价。

那么，你会如何评价这四位搭档呢？

其中，最让你有好感的是谁？最让你厌烦的又是谁呢？

当然，这只是一个实验。

其中，"为自己开脱"的是 A 君与 C 君。

结果显示，对四人的能力评价，差别并不是很大。但说到好感度，则有天壤之别。这种差别跟缠不缠绷带没有关系，但需要注意的是，喜欢解释的人最不讨人喜欢。

人，往往是这样：失败的时候，出错的时候，会千方百计找借口、找理由；成功了，则会归于自己的好运气。

成功的时候，认为自己"有能力""努力有了回报"，失败的时候则归咎于"运气不佳""老天不作美"等自身不可控的因素。

像这样，将成功归于自己本身，将失败归为外在影响的做法，被称为"自我优先心理"。

不顺的时候，将原因归结为运气，虽然有一定的乐观性，同时可以让自己免于自责，但这是缺乏上进心的表现。另外，解释、转移责任的人，其信用度也是很低的。

因此，要想提高别人对自己的好感度，那么，就要学会在犯了错误后，解释之前，请先跟对方道歉。

chapter 5　利用"心理暗示"给出希望

怎样解释让人更容易接受

假如由于工作上的差错，你惹恼了上司和客户代表。之所以会出现错误，是因为你突然接到出差的命令，没来得及仔细核对属下的工作。

面对这种情况，你会怎样解释呢？请从下面的选项中选出与你的想法最接近的一种。

A：因为很忙，所以没时间核对。

B：非常抱歉。因为很忙，所以没时间核对。

C：非常抱歉。这次的事情，是我的责任。就算出差，也应该好好核对属下的工作。

D：全都是我的错，没什么好解释的。

当然，这也是一个实验。实验结果表明，对方因为解释的内容而改变态度的只占20%，因为解释人的态度而改变态度的占46%。

也就是说，犯错、失败的时候，"道歉"固然重要，但"怎么道歉""让对方感受到何种品格"是更重要的事情。就算是好好道歉，由于道歉方法、方式的不同，后续的评价也会有很大的不同。

就像刚开始举的那个例子，因为来不及核对而出了错误。虽然你正在出差，并且是属下犯的错误，但责任依旧在你。

如果只是说"全都是我的错，没什么好解释的"，那么就会让对方感到"你不想继续讨论这件事情"。

但要想让道歉有效，就必须在道歉之后好好跟对方解释错误发生的原因及真实的状况。如下几点都是需要说明的，也是对方最关心的。

1.这次的错误是如何发生的?

2.这次错误会造成怎样的影响?

对此,你准备怎么处理?

为了避免今后发生同样的错误,你有什么具体对策?

对方之所以会听你的解释,是因为他想了解这次的错误是如何发生的,而并不关心你是否认错。

如果你的道歉既阐明了原因,又包含今后的对策,那么对方很快就会平息怒火——"做事情,总是会出错的。你已经认真反省过了,今后注意就好了。"

突然有紧急的事情需要你做,时间又很紧迫,你解释道"时间不够……",但"总算完成了,做了自己能做的一切。只是没有充足的时间做准备,所以对结果不是很满意……",这时,相信对方对你的印象会一下子好很多。

无论多么小的事情,都要向对方传达自己会竭尽全力的想法。之后，还要表明因为时间的关系，自己对结果不是很满意的不安与自责。如此说法，才能赢得上司的极大肯定。

如果只是说"自己会竭尽全力"，那么对方会认为"虽然说会竭尽全力，但根本就没有做到"。所以需要进一步解释，将原因说明之后，对方会理解："也是，在时间不够的情况下，还能做到如此程度，也正应验了你之前所承诺的竭尽全力了。"

如果事情进行得很顺利，对方会认为"尽管时间不够，但还是顺利完成了。那个家伙真的很不错呢"——你会更容易得到极高的评价。

将"糖果"与"棍棒"分开使用

据说，等待指示的年轻一族每年都在增加。如果没有得到从1到10的明确指令，他们动也不会动一下。

上司的职责并不是给下属明确的指令，而是让下属保持主动做事的干劲。让下属从"因为是上司的命令，所以不得不做"的被动状态转变为"自发地做事"是非常重要的。

那么，怎样才能做到这一点呢？

当你想让别人做事的时候，首先要考虑的事情是报酬跟惩罚，也就是"糖果"与"棍棒"的使用。

有人曾以动物为对象，就报酬与惩罚的不同反应进行了实验。

将老鼠放入 T 型迷宫，看其是往左走还是往右走。如果想让老鼠往右走，那么只要在右边放置诱饵作为报酬，老鼠就会选择右边。

如果右边没有作为诱饵的报酬，左边却有电击的惩罚，那么老鼠会如何选择呢？

再假如，左右两边全都是惩罚的设置，老鼠又会怎样行动呢？

结果是这样的。右边没有作为诱饵的报酬，左边却有电击惩罚的时候，本以为老鼠会选择左边，但它却没有这样做。

从实验结果来看，老鼠会选择有诱饵报酬的一边，但如果用电击取代诱饵，老鼠是不会从命的。

另外，左右两边都有电击惩罚设置的时候，老鼠变得恐慌起来。向右走不行，直行前进又动不了，最后，在角落待了一会儿的老鼠，选择从迷宫中跳将起来。

如果换作是人，结果又会是怎样呢？

假设有一个不愿去上学的孩子。就像上边实验中的迷宫一样，右边是去学校，左边是不去学校。如果孩子说不想去学校，那么就会受到家长的斥责。即使勉强去学校，也会受到家长的威胁："不好好上学，就没有未来。""你再不去上学的话，老师就要来家访了。"就这样，孩子只能选择去学校，可是就算孩子去上学，跟家庭的关系也会疏远起来，甚至有可能跟父母对抗。

还有一种方法，孩子去学校则进行奖赏。不用说，孩子会越来越愿意上学。并且，这种奖赏不是来自外部，而正是来自上学本身：在学校里跟同学愉快地玩耍，学习新知识带来的乐趣等。在这些报酬的驱动下，孩子会越来越喜欢上学。

工作方面，也是同样的道理。如果热爱工作，那么干起活来就很快乐。也就是说，有了"内部自发的驱动力"，不管上司有没有注意到，也不管上司会不会斥责，自己都会自觉、主动地做事。

老鼠的实验还揭示了另外一个有趣的现象。

如果往右边跑有奖赏，往左边跑是惩罚的话，那么老鼠会选择往右边跑。但如果无论往哪边跑都是惩罚的话，老鼠会选择跟左右都没有关系的方向跳过去。

假设明天有测验考试。如果不好好学习，考试成绩会不理想，从而会受到父母的斥责。可是，面对毫不感兴趣的科目，一点学习的劲头也没有。也就是说，学习的话，自己没兴趣；不学习的话，会因为成绩糟糕受到斥责。总之，无论学不学习，对自己而言都是一种惩罚。

这种时候，很多人是不是会选择不学习而一味地玩耍或者是蒙头大睡呢？当然，也会有很多人选择先收拾好房间再读书。其实这跟老鼠的选择是一样的，选了一个毫不相干的方向。

并且，会将自己的行为合理化。"房间乱糟糟的，根本无法集中精力学习"。这样做，虽然不能解决问题，但至少先缓解了自己不安的情绪。

越鼓励，越有希望

劝说别人，让别人做事的时候，是很有必要注意措辞的。同样的事情，因为措辞的不同，给别人的印象是有很大区别的。

美国心理学家罗森福将一份普通的关于小学生的智力测验，对教师进行了如下汇报：

"此次测试结果可以预测学生未来在某一方面的学习能力。因为还在研究之中，所以不方便直接告诉学生，但请各位老师记住这些将来会在某方面有卓越表现的孩子的名字。"

当然，推荐的学生跟测试成绩毫无关系，只是罗森福随机挑选的。八个月之后他再次对那些孩子进行智力测验，发现被随机挑选的孩子成绩全都明显提升了。

将老师赋予期望及没有赋予期望的学生进行比较，会发现，那些被寄予期望的学生成绩提升明显。

因为知道哪个学生将来在哪一方面会有卓越的表现，所以老师会不断地鼓励那个学生"加油""一定要好好学习"。学生对老师的期待非常敏感，很自然地就会迎合老师的期望，更加努力地学习，以取得更好的成绩。

像这样，有意或无意地将自己的期待传递给对方，结果对方就变成了自己期待中的样子的现象，在心理学上被称为"皮格马利翁效应"。

皮格马利翁是希腊神话中的人物。

很久之前，在塞浦路斯岛上，有一位年轻的名为"皮格马利翁"的国王。国王喜欢雕刻，尤其喜欢雕刻美丽女性的塑像。一天，他得到了一块非常精美的大理石，于是他全身心地投入到了雕刻"理想女性"的塑像中去。

对雕像异常喜爱的国王，像对待真实的姑娘那样爱着雕像，并且发自内心地无比渴望"雕像变成真正的姑娘"。后来有一天，国王的心愿被掌管爱与美的女神阿芙洛狄忒知道了。女神被他的诚恳与执着感动了，于是将雕像赋予了生命。

"如果抱有强烈的信念，那么愿望一定会实现。"

"如果对现状不满意，那么请常常想想自己理想中的样子——时间长了你就会变成理想的模样。理想就会变成现实。"

罗森福的实验也验证了这一点。教师对学生的期许、态度，对学生的智力、学习的欲望有着莫大的影响。

如果只是斥责，对方是不会行动的。相反，如果让对方有了做事的动机，就会自觉地行动起来。工作上也是这样，上司的反应、行动，会影响到下属是否有做事的欲望。

工作上出了差错，批评是必要的。但如果能够让对方感受到期许，那么对方就会按照期许行事。也就是说，在下属做得好的时候，是需要鼓励的。

"只要你想做，你就能做到。"听到这样的认可，对方会更有干劲，更有将事情做好的意愿。

这样的方法不只限于对下属使用。作为老板，如果想让自己的合作伙伴干劲十足的话，也可以使用。

对对方有所期待，鼓励对方将自己的强项发挥到最大，那么对方按照你期许的那样一步步做起来的可能性是很大的。

直呼对方名字，好处多

如果上司想安排下属做事，你认为下面的这些说法中，哪一种会最有效呢？

同时，试着转换立场，如果这些话是对你说的，你又会有怎样的感受呢？

A ："在这么忙的时候，提这样紧急的要求虽然有些不近人情，但明天之前你能帮我做好这份企划书吗？"

B ："能帮我做这份企划书吗？如果明天提交不了的话，就麻烦了。"

C ："帮我做这份企划书吧。内容很简单，你一定可以做好的。"

D：“某某，明天之前请帮我做好这份企划书，可以吗？”

很明显，面对不同的说辞，人们的感受、反应是不同的。

A 的说法，采用的是疑问句式，让对方感到决定权在自己手中。“可以请你帮我吗”的说法，给了对方选择的余地，不会让人有强迫的感觉。但是，如果遇到的是没有干劲的下属，有可能会得到这样的回复：“非常抱歉，我正忙着呢。”

B 的说法，“明天提交不了的话，就麻烦了”，只是站在上司的立场考虑。工作都有期限，但是如果只考虑上司单方面的情况，就会给人一种被强迫做事的欺压感。对此，很多下属在心底都会有反感情绪。

C 的说法，“内容很简单，你一定可以做好的”是非常多余的说法。听到的下属会很生气地想：“这真是愚蠢的话。”因为下属会认为：“难道我就只能做这种简单的事情吗？”

D 的说法，直接点名式地拜托，对方是很难拒绝的，而且对方不会有顺从命令的被强迫感，相反会将任务视为自己的责任。

　　如上所述，在拜托别人的时候，直呼其名是很有效的方法。如果说"谁可以帮我一下吗"，那么听到的人会以为"别人会帮的"，当作跟自己无关的事来处理。如果说"某某，请帮我一下"，那么对方就会很难拒绝。

　　另外，无意之中称呼别人的名字，还可以增进彼此之间的交流。也就是说，根据称呼的不同，彼此的关系是会发生变化的。

　　例如，走进经常光顾的酒吧，如果服务生直接喊客人的名字，客人会很高兴的。因为与不管去多少次都被称作"客人"相比，称呼名字则是将其当作一个独立的有特征的人来对待。

　　名字是一个人专属的，可以说是一个人的象征、符号。谈话的时候，直呼对方的名字，等于认可了对方作为一个独立个体的特殊性，是对对方最大的尊重。

　　商务谈判的场合，面对客户代表，与其称呼其为"贵公司……""某某（企业名字）"，不如直接喊"某某（对方名字）先生/女士"更容易跟对方展开交流。

如果几次接触下来，都记不住对方的名字，那么就会让对方觉得"你这个人根本不关心自己"。

另外，初次见面的时候，谁都想自己被接受、被认可。可是，如果记不住对方的名字，是不可能引起对方注意的。只是一味地宣传自己，只讲自己在意的事情，是不会赢得对方好感的。

要想拉近跟对方的距离，就要使用亲近的语言。

跟"你怎么看"相比，还是"某某（对方名字）你怎么认

为"的做法更让人感到亲近。跟"你""那位"相比，还是名字、昵称更能拉近彼此的心理距离。如此，只是改变称呼，就可以拉近双方的距离，相反的做法则会疏远彼此的关系。

如果想跟对方亲近起来，就要有意识地称呼对方的名字。如此一来，不仅可以拉近关系，还能得到更多交流的机会呢。

展示弱点，可以增进感情

第一次约会，为了引起对方的关注，很多人会极力展示自己，结果却适得其反。每个人都希望得到别人的好评，所以在初次见面的时候，就要尽可能地给对方留下一个好印象。不过，与其拼命遮掩自己的弱项，还不如跟对方展示自己两三处缺点更有效。

如果想跟别人亲近起来，那么"自我展示"是必不可少的。

所谓自我展示，就是谈论关于自己的事情。谈论自己的事情，就是给对方打开一扇观看自己的窗子，传达的是"期待对方了解自己"的心思。

美国心理学家杰拉德为了研究外部距离与亲近感之间的关系，进行了如下实验。

参加测验的人需要跟事先安排好的工作人员进行简短的对话。对话的情形分为两种。

有无自我展示：

1.一开始，工作人员先讲述自己的事情。

2.工作人员随机讲述自己的事情。

结果显示，1的做法更能让被测试的人员感到亲切。

谈话的时候，如果其中一方开始展示自己，那么对方也会展示自己。随着双方自我展示的进行，会增进彼此的关系，让双方更加亲近。这就是所谓的"良性互动"。既然对方开始谈论自己，那么自己也要说说自己的事情才是。这样的想法是正确的，但是要注意，自我展示的程度要跟对方保持一致，如此平衡的状态才是合适的。

有一本杂志刊登过"哪种人最有魅力"的问卷调查。结果显示，回答"坦率的人"是最多的。

坦率，并不是不经大脑，什么话都讲。真正的坦率，是在体谅的基础之上与他人的自然亲近。

有条理、做事果断的人往往也是工作中很能干的人。这样的人虽然能得到别人的尊重，但不容易让人亲近起来。看上去没有瑕疵，做什么事都严丝合缝的人，会因为太过完美而让人感到难以接近，就算与之结为朋友，也会让人有低人一等、被比下去的感觉。

怎样才能避免这种事情发生呢？答案就是展示自己的缺点。有缺点的能干之人，会让别人觉得"跟自己一样，也是平常人一个"，于是当别人感到安心的同时，亲近感自然就来了。

工作中，业绩优良的人，总是能得到很高的评价。这时，如果一味地强调自己的能力，认为自己天下无敌的话，就很容易招致周围人的忌妒、反感。相反，如果抱着"只是运气好罢了""多亏了上司的指点"之类的谦逊态度，反而更能赢得别人的好感。

实际上，真正会做事、能做事的人，永远都不会忘记顾及别人的感受。即使自己成功了，也会感谢恩师、上司的栽培。

就算自己通过努力增强了实力，也会跟上司说"还差得远呢"。面对这样的下属，哪个上司会认为他不可爱呢?

总之，初次见面，与其勉强地表现自己，不如跟对方展示自己的少许弱点，如此更能赢得对方的好感。因为很幽默地谈论自己过去的失败，是很容易引起别人共鸣的。

多讲"YES"，会让对话深入下去

下面是两组初次约会的男女进行的一段对话。

你感觉A跟B和C跟D这两组，哪一组会更融洽，进展会更顺利呢？

另外，假设你是B、D，那么，对于跟自己约会的人，你又会有何种印象呢？

A跟B的对话：

A："今天的天气可真好呀。"

B："是的。"

A："我现在有些饿了呢。"

B："是吗？"

A："附近有我熟悉的餐厅呢。你喜欢意大利料理吗？"

B："好呀。"

A："那家餐厅环境很棒，菜的味道也很好，我们去吧。"

B："好的。"

C跟D的对话：

C："今天是个好天气啊。"

D："还好吧。"

C："可是，我更喜欢下雨的日子。"

D："哎？"

C："我的性格是不是有些忧郁呢？"

D："不是的，应该怎么说呢……"

C："别人都是这么评价我的，我自己也这样认为。"

D："不是啊，不是那样的……"

两组对话的区别在哪里呢？

关键之处就是"YES"这里。

在约会，说服、交涉的时候，认可对方的话是非常重要的事情。

以天气、运动之类的话题开始，很容易展开一场对话，而且也很容易让对方回答"YES"。当对方连续回答"YES"时，对于给出"YES"回应的抵抗感会逐渐下降，接下来，无论什么问题，都很容易拿到"YES"了。

这正是运用心理学中"心理准备"的方法。

一开始给出"YES"的肯定回答，人会放松下来，戒备之感也会降低很多。因为在连续的"YES"之中，接二连三地确认和肯定可以麻痹对方。

相反，如果一开始就是"NO"的回答，在否定的气氛中，对方抵抗的心理就会增强。所以，在提问的时候，还是选择那些对方会给出"YES"的问题比较好。不仅是问题，最好连答案也是肯定的就更好了。这就是所谓的"YES诱导谈话法"。

即使与对方意见不一致，也可以运用这种技巧。

如果对方说"那不是很奇怪吗？"

你可以反问"是说关于……的事吗？"

对方回答说"是啊"。

就这样，只要让对方给出"YES"的回答，就能缓和紧张的谈话氛围。

之所以这样做，是为了让对方在回答"YES"的过程中，逐渐降低抵抗心理，进而接受那些不情愿的事情。到最后，对方可能会这样想："是啊，这也是我所希望的。"

用"循环提问"增强说服力

"YES诱导谈话法"在催眠式的商业活动中被广泛运用。

生活中，我们经常会看到这样的情景：利用廉价的赠品将顾客集中到某一个场地，然后在组织者的带领、引导下，顾客会购买商品。在这样的场合，经常会听到"早买早赚""现在不买可就亏大了""平常要三十万日元，现在是半价哦"这样的口号。于是，顾客会毫不迟疑地几乎是条件反射般举手说："我要买！我要买！"

下面的情景，大型超市里经常出现。

A："请看仔细了。最后面的朋友可以看到吗？"

B："是的！"

Ａ："这款除尘器，看起来跟普通的没有什么不同。可是，功能却优良得多！"

Ｂ："是的。"

Ａ："现在，公寓的房间多了起来。自建住宅也是这个样子吗？"

Ｂ："是的。"

Ａ："地板上都铺有地毯是吗？"

Ｂ："是的。"

Ａ："地毯清洁起来，很麻烦呀。"

Ｂ："是的。"

像这样的促销活动，关键在于让顾客停住脚步。

先是对商品进行简单地说明，让顾客有个大概的印象。然后对顾客发问，并且得到顾客肯定的回答。接下来演示商品的操作，让顾客眼见为实。在顾客惊叹不已的时候，鼓动顾客："很厉害吧，试一下，亲自感受一下。"当顾客同意的时候，接下来的发问就会切入销售的主题。

一旦顾客参与这样的活动，就会在接连不断地点头答应中，全盘接受销售人员的话："确实，这款产品很方便""我也想买一款"。

如上所述，通过自己的演示而得到过路顾客认可的做法被称为"确认谈话法"。

前文的"YES诱导谈话法"是将顾客带入此种方法的技巧之一。

"主管，今天的午餐很棒吧？"

"是啊，很不错。"

"早做准备的好，我可以看一下企划书吗？"

"啊，可以呀。"

"按照企划书推进就可以是吗？"

"是的，就那样进行吧。"

像这种对话，避开否定回答的提问才是关键。提问的时候，为了连续得到对方的"YES"，后一个问题要尽可能地跟上一个问题有所关联。这样，在一再的肯定回答中，对方会被"YES"所麻痹。

需要注意的是，要使"YES"继续，就一定要避开答案是"NO"的提问。因为在连续的"YES"回答之后，提出关键的问题，更容易得到"YES"的回答。

谈话的时候，不经意地称赞对方，也是很有用的。每个人都是经不起夸赞的，被夸赞之后，对方的心情会大好，这时，对于重要的问题回答"YES"的几率就会提高很多。

"暗示"可以治病

疲惫的时候、消沉的时候，你会怎样做呢？

不管因为何种原因，一旦认为"自己不行的"话，基本上就发挥不出自己的能力了。于是就更容易失败，最终就验证了"自己果然不行"的想法。如此往复，就会陷入恶性循环的泥沼。

总是失败的时候，人会消沉，身体也更容易出问题。疲劳、压力积聚到一定程度时，会使体内的碱性转变为酸性，如此，身体的抵抗力、免疫力都会下降。

跳出这种恶性循环的方法之一，是用别的语言来代替"不行"的话语。

暗示，不仅对人的感情、行动、思维有影响，也会对身体有一定的作用。

失眠症患者去看医生的时候，拿到的是名为"安眠药"的维生素，但多数患者却不再失眠。从医学的角度来看，维生素并没有安眠的作用。那么，失眠症患者被治愈的事情是如何发生的呢？

这是代用药的暗示作用。

失眠症患者从医生那里拿到维生素，之所以能够入睡，是因为医生的话起了很大的作用。

"吃了这个药就能睡着了。"

"从今晚开始，你可以睡个好觉了。"

听到这样的话，患者会认为"既然自己信赖的医生都这样说，那就肯定没错了"，于是在服药之后会感到很有效果。

像这种通过精神因素取得治疗效果的做法被称为"乐观效

应"。这种效应，原本是指利用替代品改善症状，取得跟使用真正药品一样的效果的现象。"乐观"一词，来自法语中的"满足""使之喜悦"。

将淀粉、糖精做成替代药品，取得跟真正药品同样效果的研究报告还有很多。

比如，将有止痛效果的吗啡给A组患者使用，将替代药品给B组患者，然后观察两组患者的症状进展情况。

结果，服用吗啡的一组，有52%的患者疼痛症状消失；服用替代品的一组，则有40%的患者不再感到疼痛。尽管是替代品，但信以为真的患者中，有近半数人确实达到了跟服用真正药品同样的效果。

为什么替代品可以治病呢？其实，与药品的真伪无关，是患者"一定要好起来"的坚强信念与对医生的信任发挥了巨大的作用："既然是信赖的医生，那么他说的肯定没错""相信这种病是可以治愈的"。

与乐观相对的，正是悲观："不管吃什么药，都不会治好的。"最近，医学界的研究表明，患者的悲观态度跟病情之间有着密切的关系。认为"自己无论如何也不会好"的患者，即使采用最先进的治疗技术，其病情也会朝着恶化的方向发展。

事实表明，在对癌症患者的调查中，与那些抱有"一定要战胜癌症"的坚定信念的患者相比，那些认为"自己完了"的绝望的患者的死亡率、复发率都要高很多。

之所以说"万病心为源"，是因为"心与身体连接在一起"，这样，暗示才会有如此巨大的效果，甚至连疼痛都可以祛除。跟自我安慰一个道理，暗示就会对现实产生巨大的力量。

如上所述，人的信念对身体，以及其他方面都会有很大的影响。

比如，人在不知不觉中会自言自语，结果无意识地就会按照说的话去做。

认为"自己一定能做到"的人，大多真的会做到；认为"自己万万不行"的人，即使采取行动，也会遇到种种阻碍，不能顺利进行下去。

　　所以容易陷入消极情绪的人，应该给予自己更多积极的暗示。

　　就算事情不会完全按照所想的进行，至少也不会继续恶化下去。虽然现在艰难，但要抱着"一定会好起来"的信念前行。发自心底的坚定信念，对于病情的恢复就会有着很大的影响。

chapter
6

·················

利用"气氛烘托法"
掌控全局

约会的时机哪里找

想跟意中人来一场约会，如果是你，会选择什么样的契机发出约会邀请呢？

A：聊天的时候，自然而然地提起约会的话题。

B：对方有些消沉，你给予鼓励："我们一起去做点什么吧。"

C：在对方心情好的时候提出邀约。

D：当对方有时间的时候提出邀约。

就像成语"察言观色"所说的那样，面对脾气火爆的上司，下属做事的时候，是需要看上司脸色行事的。

　　根据当时的心情、感情，人的态度、行为是会发生变化的。

　　因为突发事件而令心情转换的例子也不在少数。比如，早上被领导训斥了一通，以为今天一天都会在闷闷不乐中度过，但如果见到喜欢的人，心情还是会好起来。

　　判断一个人的性格，选择在何种情况下观察是一件很重要的事。因为人的性格会受到当时状况的巨大影响。

　　当我们遇到开心的事情时，就会变得开朗、多话。相反，当我们悲伤、疲惫的时候，就会封闭、沉默。

　　初次见面，感到对方态度冷淡，没什么兴致。有些人会认为"对方是不是遇到了什么不愉快的事"，但也不排除另一种可能：对方仅仅是心情不好罢了。第二次见面，如果对方依旧是这个样子的话，是不是就会认为"对方本就是这样的人"，不管发生什么事都是一副表情。

　　心情好的时候，人更有兴致做其他的事，也更愿意帮助别人。如果心情不好，即使是很平常的琐事，也可能会大动肝火，对于别人的请求也会懒得应付。如果是悲伤、消沉的时候，抑或非常疲惫的时候，听到别人的请求，甚至还会生气、发火。

心情的好坏也关系到对于所援助事情的态度。以实验为证。

要求"心情好的人"及"消沉的人"为他人进行募捐。

募捐的原因有两个，一个是"为了守护孩子的笑脸，请贡献一份力量"；一个是"为遭受饥寒的孩子提供帮助"。结果，心情好的人更多地会因为第一个原因而捐钱，消沉的人则更容易被第二个原因所打动。也就是说，人更容易对跟自己处于相似状况的人提供支援。

另外，高兴、开朗的时候，更容易想到温柔、善意的话语；悲伤、消沉的时刻则会想到那些刻薄、恶毒的话。这种现象被称为"心情一致效应"。

将这一效应反过来运用的话，就是在拜托别人的时候，如果能契合对方的心情，事情就会顺利得多。

以本文开头提到的"约会的契机"为例，如果在对方心情好的时候发出邀请，成功的几率要高很多。

在对方心情好的时候，提出听音乐会、看电影这类愉快的邀约，对方是很容易答应的。约会时，如果能跟对方的说话节奏保持一致，很容易就能交谈起来。当然，分别的时候，还要讲出让对方记忆深刻的话。

商务场合，也可以用这样的话语做出总结："关于……我经验不足，今天真的是学到了很多。非常感谢，以后还请多多关照。"

这会让对方对你的印象更深刻，在心理学上这被称为"亲

近效应"。就像电影一样，与整个故事相比，还是最后一幕更
容易让人记住，因为"结局才是一切"。跟人约会也是一样的
道理。

　　首先进行自我展示，让对方看到自己的缺点，最后来一句
"见到你很高兴"。这样做，就能赢得对方的好感。

"好天气" 带来好心情

一天之中，你什么时间心情最好，什么时间头脑最清醒呢？

任何人，都会有心情好和心情不好的时候。即使是平时沉着冷静的人，也会因为身体状况的好坏，导致心情发生变化。

心情好的时候，对别人会更加温和，也更愿意帮助那些困难的人。

相反，心情不好的时候，不要说帮助别人，即使是一些日常琐事也会触怒自己。

因此，与别人谈判的时候，把握好自己与对方的情绪是很重要的。在心情好的时候，人更容易给出"YES"的回应。也就是说，不仅是自己心情好，对方心情也很好的时候，商谈会更容易成功。

必须与客户代表见面才能解决问题的时候，就更需要观察对方的情绪了。如果感到对方有些焦躁，那么还是只进行简短的说明，改日再行决断较好。如果对方的心情很好，那么就要将商谈进行到底，达成协议。

另外，还需要注意时间段。早晨型的人，会在上午的时候头脑清晰。如果是夜晚型的人，那么一整个上午都会是晕乎乎的，直至傍晚头脑才会清晰。

学习、工作等需要集中精力的事情，需要配合每个人的节奏进行才是最好的。早晨型的人就要在早上努力，夜晚型的人则要在晚上奋斗。

心理学上还有一种叫"黄昏效应"的现象。黄昏的时候，一天的疲劳积攒下来达到顶峰，是最容易焦躁、消沉的时刻。这时，人的思考力是最低的，也是最容易被暗示的。

所谓的"说服，要在黄昏进行"，就是利用了这种心理。

当然，这种做法对早晨型的人会管用，对夜晚型的人则不会有效。

美国心理学家名古斯说，人的心情、感情会受到天气的影响。

天气晴好的时候，人会感到澄澈、清明；下雨或者阴天的时候，则会感到低落。

美国研究报告显示，外出就餐的人，在天气好的时候花费的金额要高于天气不好的时候。这正像心情的好坏会影响行动一样，天气好的时候，心情会好，相应花费的也就越多。

还有，自己的心情如何，会反映在所听的音乐上。

工作、恋爱顺利的时候，会选择明快、轻松的音乐。相反，失恋、消沉的时候，则会选择歌词、曲调都很暗沉的曲子。

需要注意的是，容易被情绪左右的人，在商务合作方面是不值得信赖的。正因为这样，每个人才更应该了解自己的心情变化规律。

宽敞的屋子适合谈判

谈判的结果会受到谈判场所的影响。

每个人都有自己的个人空间。所谓个人空间，是指个人所处的场所及领属范围，就像动物的"领地"一样。

关系亲密的两个人可以在非常近的距离内讲话，但初次见面的人，如果太靠近，就会让人感到不舒服，因为过分地接近会侵犯个人空间。

个人空间投射到人际关系方面，就是人与人之间的距离（外部的，可见的）。

一般情况下，人与人间的关系与距离的关系可以分为以下四种：

亲密关系：45厘米以内。适用于家人、爱人之间，可以进行肢体接触。

个人关系：45 — 120厘米。适用于朋友之间，可以进行私人会谈。

社交关系：120 — 360厘米。适用于同事之间，一起做事。

公共关系：360厘米以上。适用于公共场所。

当然这只是一个普通、公共的标准，具体到每一个人的时候会有所差异。与内向的人相比，外向之人的个人空间要小一些。与男性相比，女性的要小一些。

走过狭小道路，穿越人群混杂的区域，与迎面而来的人擦肩而过的时候，为了避免身体的碰触，每个人采取的姿势是不一样的。擦肩而过的时候，彼此间的距离为零，彼此成为侵入对方个人空间的最大"敌手"。

观察每个人的走路姿势，就会发现男女完全不同。与男性迎着对方走过去的姿势不同，女性是背对着对方走过去的。

男性之所以会迎着对方走过去，是为了防备对方的攻击，以便在任何危险时刻都能保护好自己。因为一旦意识到危险，自我保护的本能就会下意识地运作起来，所以无论怎样也不会给对方背后攻击的机会。女性则正好相反，遇到侵害个人空间的时候，会选择逃跑的姿势。

前面说过，男性的个人空间比女性的大，这可能也与男性与生俱来的攻击性、争斗心有关。

假如让你请十位男士一起对谈。需要尽可能地避免冲突、对立，让交谈愉快地进行下去。那么，应该选择哪个场所呢？

A：开阔的正方形的房间。

B：细长的房间。

C：圆形的房间。

D：狭小的房间。

女性在狭小的空间内进行对话，可以顺利地交谈，也更能增进彼此的好感。但男性需要在开阔的场所才不会起冲突，交流才能顺畅。对男性而言，如果是在狭小、混杂的场所，很容易出现攻击性与竞争心，特别是对于坐在自己对面的人，更是会产生对立的心理。所以答案是 A。

说悄悄话、袒露真心的时候，选择狭小的私密场所是合适的。但在与客户谈判、说服对方的时候，要想让交谈顺利进行，还是选择开阔的场所会更好一些。因为与狭小的空间相比，在宽敞的地方，人更能感到舒畅。所以，要尽可能地选择有明亮窗户、光线充足的地方。

由此可以得知，相同的人，在开阔的场所或狭小的地方交谈，其内容和结果会有很大的不同。

总之，选择场所的时候，需要根据会谈的内容及目标而定，其关键是不侵犯双方的个人空间。

发挥自己的"主场优势"

要想顺利推进工作，在人际关系中掌握主动权，"场所"的选择是非常重要的。

环境给予人的影响非常之大。比如，熬夜之后会非常疲惫，这时，如果长时间地挤在满员的公交车上，疲惫和压力是会上升的。但如果去树木环绕的公园，呼吸新鲜空气之后，则会感到舒畅许多。再比如，在人流、车流非常大的街道旁边的店里吃饭，无论如何都是静不下来的。但在环境优雅的餐厅，吃着可口的食物，听着舒缓的音乐，不用说，心情也是非常愉悦的。

也就是说，我们的心理在无形之中会受到场合的影响。

在重要的商务场合中，细小的肢体动作，不经意的一句话都会影响到敏感的神经。正因如此，场所的选择显得尤为重要。

那么，在选择场合的时候，是要根据"对方的推荐"，抑或"环境好、食物可口"等因素来决定吗？

如果想对自己有利，就要选择"自己去过的地方"或是"经常光顾的场所"，因为这些地方是对自己有利的"主场"。

我们知道，在棒球、足球比赛的时候，主场作战就要比客场好很多。

动物的"领地"，放在人身上就是指自己身边的桌子、家庭、房间、人际关系、公司等。如果是在自己的主场谈判，精神会因熟悉而放松，因放松而安心，因安心而从容。沉着冷静的时候，人会对自己及周遭的情况做出客观的判断，在此基础之上采取积极的行动，继而超水平发挥。

相反，如果是客场作战，因为对场地不熟悉，人会变得紧张、敏感，无法放松。即使反复练习，也可能发挥不出正常水准。

心理学上，将这种场所对人心理的影响称为"主场效应"。

谈判、竞标、告白的时候，我们都会感到紧张和不安。所以在进行上述活动之前，需要慎重选择场所。

同样，初次见面，也最好选在自己熟悉的地方。因为在熟悉的环境中，自己会放松下来。否则，自己很容易紧张。一旦紧张，人就会瑟缩不前，无法体现自己的真实水平，从而让对方不能客观地评价自己。

之所以要选择自己熟悉的场所，还有一个原因：正因为是初次见面，才更需要选择主场作战，以保持自己的节奏。试想，当你沉着、自信地侃侃而谈的时候，对方会对你有何种印象呢？场所也是决定你给别人什么样的第一印象的重要因素。

时刻保持"主场作战"的意识，会让事情朝着有利于自己的方向发展。

"请先喝杯咖啡，吃些点心"的效力

在欧美国家，经常可以见到在早饭、午饭时间碰面、约会的场景。西方人习惯将工作与私事明确区分开来，但他们认为，在工作间隙一起吃个便餐，顺便约个会是很节约时间的做法。

日本人虽然没有如西方人那般利用工作餐的时间来约会的习惯，但在吃饭时间开会的企业却在增加。就像工作间隙喝一杯咖啡会让人心情变好一样，边吃东西边交谈可以让人处于一种友好的氛围中。

说服的时候，对方吃没吃东西会有什么不同呢？对此专门有一个实验进行了验证。

大约两百位大学生在做出自己的判断、设想之后，读了下面四种材料，然后重新发表自己的判断、设想，看有什么变化。

1. 关于美国军队规模的文章。

2. 关于旅行的文章。

3. 关于3D电影的文章。

4. 关于癌症治疗方法的文章。

读文章的时候，大学生被分为两组。一组是在喝着咖啡、吃着披萨的情况下进行阅读的，另一组则只是阅读，没有饮食供应。

结果显示，与单纯只是阅读材料的一组相比，喝着咖啡、吃着披萨的一组其想法的转变要明显很多。

其中，关于美国军队规模的文章，刚开始的认可率只有61.9%，但在享用美食之后的认可率则提高到了81.1%。关于旅行的文章，认可率则由42.8%上升至67.2%。很明显，在吃吃喝喝中，个人的想法有了明显的改变。最后，这个实验得出的结论是：人在享用食物的时候，接受度会提高。

　　日本在酒桌上招待客户的习惯自古有之。在酒席上，双方都可以从对方那里得到自己想要的东西，于是这种做法就心照不宣地被接受、流传了下来。

　　现在，人们将这种，利用美食提升好感度的做法被称为"餐桌上的秘密"。

商务接待选在饭店的秘密

商家之间进行谈判和重要交涉的时候，大多都会选在饭店。高规格的聚餐、娱乐在商务往来中也是一种司空见惯的现象。

一边享用美食，一边交涉重大事务，很容易使双方达成一致的协议。这是人的"报答的心理"在起作用。

难缠的对手，气氛严肃的场合，都会在享用美食的过程中变得和缓、顺畅，这个结论是从政治家、商人的经验中得来的。

享用美食可以让人感到快乐，而人是受"快感原则"影响并采取行动的物种。弗洛伊德认为，"快感原则"是支配人类心理活动的两大原则之一。所谓快感原则，就是"追求快乐，避免不快"的做法。

享用美食能给人带来满足感，因而更容易接受对方及其话语。就算是内心非常不认可的事情，一旦吃过美味的食物，无论如何也会做出一些让步。

也就是说，从美食到接纳是遵循着这样的步骤：享用美食——感到满足——满怀善意地倾听对方的话——更容易接受。

此外，美食带来的快乐会跟享用过程中的各种情景连在一起，形成不可分割的记忆。吃着可口的食物，心情会变得愉悦起来，这时会感觉周围的人和事都带着温柔的情意，也会从善意的角度来理解期间听到的话。

美国心理学家、行为科学研究者斯科纳认为，"一种行为可以带来愉悦的体验时，人是会重复这种行为的"，而且人会深刻记忆当时在场的人及发生的事。特别是人的三大欲望——睡眠的需求、性欲、食欲——被满足之后所带来的愉悦体验更会增强人对对方的好感。因此，我们会对一起吃饭的对象、吃饭时讲的话有非常强烈的记忆，而且都是美好的记忆。

按照这个原理，在请对方享用美食之后，再提出种种请求，这时对方是很难拒绝的。

"受了那个人很多的照顾，如果不回报一下的话……"

"我困难的时候，他给了我很大的帮助。他可是拿钱给我用的。"

就是这样，接受了对方的帮助，无论如何都会考虑回报对方。接受了恩惠就要以恩惠回报的想法，在心理学上被称为"互惠式的互动"。

在这种"回报心理"的影响之下，如果被温柔相待，却不能温柔待之的话……于情于理怎么也说不过去。所以，不管对方提出何种请求，即使是很麻烦的事情也不会一口回绝。

这种"回报法则"经常在商业中使用。免费提供试用产品就是一个例子。接受了试用商品的人，对接下来的产品介绍是无法拒绝的。

就这样，通过给对方增加一个个小的心理负担，让其感到"欠了自己很大人情"的时候，再提出自己的请求，就会容易得多。

如果想请对方帮忙，那么就要在帮忙之前，先请对方吃顿大餐，提前帮助对方，也就是说要尽可能地给对方以恩惠，这才是关键。

"谈判"结束是"机会"降临的时刻

在什么情况下，人更容易被说服呢？

A：辩论的时候。

B：感动的时候。

C；喝酒正起劲的时候。

D:从紧张中放松下来的时候。

这次先给出答案再解释原因。正确答案是D选项，"从紧张中放松下来的时候"更容易被说服。

也就是说，如果会谈时对方一直不肯点头，那么在会谈结束后请对方去喝一杯是一个不错的选择。

只是，在喝酒时说服对方，究竟是怎么一回事呢?

酒席上更多的是随便聊聊，要说在喝酒的时候进行谈判，好像是很少的。

适度饮酒能让人心情变好，但喝多了则会让人心情变糟，因喝酒而挑起的争辩，更容易给人带来麻烦。因为酒精的关系，情绪变得异常波动，最后酿成纠纷的事情也很多。

还有，明明是借着酒劲随便说说，却被别人添油加醋地误会；之前说过的话，在酒醒之后根本就记不得的事情更是多得很。

尽管这样，酒精在人际交往中依旧起着润滑剂的作用。因为工作关系结识的伙伴，在工作之余一起喝一杯，结果加深了彼此的了解，成为很好的搭档。

酒精可以打开人的心扉，让内心深处的真实想法流露出来，降低心中的防护门槛。

　　谈判结束，很多人都会选择一起去喝一杯。在酒场上，人的兴致很容易提起来，不知不觉间就会讲出真实的想法，"酒后吐真言"说的就是这个道理。

　　"开会的时候，虽然那样说，但真实的想法是……"，就这样，彼此开始讲述自己的本心。推心置腹地交谈、边喝边聊之后，彼此的关系会变得更加亲近。

　　当然，一起喝酒，除了可以听到对方的真心话，还能看到对方的另一面。

　　酒场是一个观察人的好场合。有借着酒劲胡乱发疯的人，有发牢骚、大倒苦水的人，有酒后无德的人……喝酒之后人的模样真可谓众生百态。

　　"这个人居然还有这一面啊"，如果注意到这点，在今后的接触中是不是可以充分利用呢？

　　还有在气氛良好的环境中，彼此可以留下很好的印象，因此一起吃饭可以起到约会的效果。如果遇到心仪的对象，不妨试着跟对方吃个便饭。

另外，就座的时候，并排坐可以提升彼此的亲密度。

在私人会见的场合，与相对而坐相比，还是并排而坐更能让交流顺畅。因为并排坐，面向同一个方向、看见相同的事物，彼此之间会产生"共同体"的感觉。

在进行谈论自己的"自我展示"时，有两点需要注意：

1. 女性更喜欢那些展示自己内心的人。

2. 与其最后才讲述自己，还是在一开始就谈论自己更能赢得好感。

也就是说，面对初次见面的女性，以"最近真是有些头疼啊"为切入口，更能引起对方的亲近。如果对方也谈论自己的烦恼，那么你一边点头，一边回应以"是啊""是的"，更会获得对方的认同。

通过肢体接触，拉近彼此的关系

面对喜欢的人，我们会积极地寒暄、搭话。如果是讨厌的人，则会尽可能地避免接触。这种现象在人与人的心理距离和物理距离上是有明显体现的。

每个人都有自己的个人空间。越是亲密的人，彼此越是亲近。越是疏远的人，彼此越有隔阂。

观察并肩走在大街上的男女，通过他们之间的距离就能推测出他们的关系。如果是亲密关系，他们之间的距离会在50厘米以内，因为这是"一个人伸手就可以触碰到对方的距离"。

如果是朋友关系，那么他们之间的距离会在1米左右，因为需要的是"双方同时伸手就能握住彼此的距离"。

如果只是商务上的合作关系，比如上司跟下属讲话的时候，距离则在 2 米以上。社交场合的距离与此类似——不是指个人之间的亲近之交，而是与客户之间的一种关系。所以说，如果想跟谁亲近起来，需要缩短彼此间的距离（物理距离）。

前面章节提到过的美国心理学家杰拉德，为了研究物理距离与亲近感之间的关系，进行了如下实验。

有无身体接触。

1. 被测验人员就座的时候，工作人员会轻轻触碰其身体。

2. 被测验人员就座的时候，工作人员不触碰其身体。

结果显示，有肢体接触的工作人员，能让被测试人员更有好感。

肢体接触是传达心意和感情的最直接的交流方式。如果关心对方，自然会靠近对方。

如果有想亲近的人，那么与对方讲话的时候，轻轻拍一下对方的肩膀、手腕，都能收到良好的效果。假如你是男士，对方是女士，那么当你下意识地跟对方有肢体接触的时候，看对方的反应，就能知道她对你的态度了。

跟男性相比，女性对肢体接触要敏感得多。对女性而言，如果不是喜欢的人，就很讨厌对方与自己有肢体接触。也就是说，如果女性主动与对方有肢体接触，那么她很可能是喜欢对方的。

肢体接触，可以增进彼此的亲近感。随着亲近感的加深，请对方帮忙时也就更容易得到对方的认同。

利用肢体接触拉近彼此距离的时候，特别是男性主动接触女性的时候，需要清楚地了解对方的反应。因为一旦对方有些许的抗拒，那么就会适得其反。

让愤怒之人冷静下来的诀窍

你的下属与客户沟通不利，引起了客户的不满。虽然客户也有错，但因为是重要的客户，也抱怨不得。你的下属正在应对这位客户，但是由于方法不对，客户的火气越来越大。

如果需要你出面应对这位客户，你会怎么做呢？

A：听客户把话讲完，等其平静下来。

B：以和事老的姿态劝说客户："好了，好了，请冷静一下。"

C：跟客户好好解释事情的来龙去脉。

D：请客人坐下来喝一杯咖啡。

不只是商务合作，日常的人际交往中，我们也经常会遇到各种各样的麻烦和纠纷，比如，财产纠纷，来自竞争对手的诉讼，说服与请求，夫妻间的拌嘴，亲人间的争执，朋友间钱财的借贷，等等。各种麻烦涉及的对象会是家人、朋友、恋人、熟人、上司、下属、同事、客户代表、小组成员等，这些人都与自己有着千丝万缕的关系。

有纠纷的时候，如果伤害了对方的感情，即使再怎么打圆场，彼此间的关系也是无法挽回的。

那么，我们该如何安抚火冒三丈的人呢？

A 的做法，认真听对方讲话，是恰当的。对方将想讲的话全部讲完之后，会有一种发泄的快感，之后就容易平静下来了。

B 的做法，在对方非常生气的时候，劝对方冷静一下，只会适得其反。

C 的做法，在跟对方解释事情的时候，需要注意以下几点。

1.要有意识地放缓语速，慢慢地说。

因为听到缓慢、低沉的声音，即使是很兴奋的人，也会冷静下来。相反，如果要激起对方的情绪，那么就要故意快速地、大声地讲话。要做到"滔滔不绝"的样子，声调很高地不断地讲话。

2.解释的时候，动作要和缓。

在慢慢讲话的同时，手势等动作的幅度要和缓。自己缓慢的动作，会让对方的兴致、热情有所收敛。只有对方冷静下来，才能好好听自己解释。

3.让对方坐下来。

如果对方站着的话，要先请对方坐下来，最好选一把柔软、舒适的椅子。因为"坐"的姿势，可以让人冷静下来。需要注意地是，不要跟对方面对面地坐着，而是如对角线式的稍稍错开或斜坐。当然，如果能跟对方并肩而坐，效果会更好，因为这样坐不仅可以避免对立情绪的发生，还能产生一种友好的气氛。

D的做法，请对方喝咖啡，效果是非常好的。一边说着"请喝杯咖啡"，一边慢慢地为对方冲泡咖啡。

当然，具体喝什么，还是请对方来决定比较好，这里只是以咖啡为例。因为喝着喜欢的饮料，吃着喜欢的食物，人的心情会好起来。所以，在端出饮料的时候，最好伴有点心。享用美食的时候，人的心情容易愉悦起来，特别是甜食。

类似的方法还有很多。但最重要的一点是，当对方生气的时候，自己不能生气，一定要冷静。

如果不能让对方冷静下来，就更要注意措辞及气氛控制。不要让对方有进一步攻击的倾向，这是不让愤怒蔓延，不让结果更糟的必要准备。

音调不同，讲话效果也不同

初次见面，判断"对方是个什么样的人"的依据都有哪些呢？

外貌、眼神、态度、讲话的方式、表情、姿势、动作等因素都是我们可以参考的。其中，讲话的方式、语速、声调等因素是非常重要的。

美国心理学家麦拉比安的研究报告显示，对初次见面之人会有什么印象，在众多的影响因素中，表情占55%，声音占37%，谈话的内容只占7%。

其中，与讲话方式及讲话内容相比，声音产生的影响是很大的。

曾经有人做过这样一个实验：将各种声音录制为磁带，请学生来听，然后请学生给出印象及评价。结果大多数人给出了这样的评价：

洪亮的声音：给人强有力之感。

低沉的声音：让人感到沉着、有说服力。

细高的声音：让人有浮躁、轻薄之感。

声音很小：没有自信，还带有一点儿神经质。

时不时中断的声音：没有力量，缺乏说服力。

那么，你的声音更接近哪种呢?

声音研究报告显示，与高分贝的声音相比，低沉的声音更能带给人安全感，在这一点上，男女一致。低沉、有力的声音，伴随舒缓的讲话节奏，会给人自信、有能力的印象，说服力也会更高。如果要获得女性或是客户的信赖，那么在讲话的时候，就要降低声调，慢慢地讲。

与此相对，大声、急促地讲话，是不冷静、没有自信的表现。

一般情况下，声音小的人内向，声音大的人外向且自我表现的欲望强烈。但是，平时讲话大声的人，在劝说对方，讲关键事情的时候，也会降低声调。

这跟"女性讲悄悄话"的方式一样，彼此靠近、低声絮语。想要和对方拉近距离，就应该小声讲话。因为一听到放低的声音，对方会自然地认为是要讲秘密话题了。

所以，根据所要达到的目的和具体的情况，随时调整声调，是很有效的。

谈重要事情的时候，需要压低声音。在说话过程中，突然降低分贝——"实际上……"，对方会认为接下来是非常重要的事情，为了不错过任何信息，对方会认真地侧耳倾听。

如果对方没有好好听你讲话，降低声音同样可以引起对方的注意力。

另外，讲话的时候不要使用一个调子，要缓急相间、重点突出，因为有节奏的充满变化的语调更有魅力。

当然，通过对方声调的变化，还可以推测出对方的心思。

1.如果对方的声调富有变化，那么对方显然对此次谈话很有兴趣。

2.如果对方的声调没有变化，且时不时地中断，那么就是没有兴致的表现。

3.语速突然变快的时候，则表明对方想回避，不想谈论这个话题。

如上所述，声音也是千差万别，各不相同的。了解了这些，谈话时就要根据主题和内容采取不同的声调。同时根据对方的反应，适时调整声调也是很重要的。